Theatertex[te]
91

Tragoedia

Der bestrafte Brudermord

oder:

Prinz Hamlet aus Dännemark

Mit einem Nachwort
herausgegeben von
Mathias Mayer

Wehrhahn Verlag

Die Edition folgt der ersten Ausgabe: Tragoedia. / Der bestrafte Brudermord / oder: / Prinz Hamlet aus Dännemark. In: Olla Potrida. [4.2] 1781, Berlin, S. 18–68.

Bibliografische Information der Deutschen Nationalbibliothek

Die Deutsche Nationalbibliothek verzeichnet diese Publikation in der Deutschen Nationalbibliografie; detaillierte bibliografische Daten sind im Internet über https://portal.dnb.de abrufbar.

1. Auflage 2024
Wehrhahn Verlag
www.wehrhahn-verlag.de
Satz: Wehrhahn Verlag
Druck und Bindung: Sowa, Piaseczno

ISSN 1863–8406
ISBN 978-3-98859-044-2

Personen.

Prologus.

Nacht in einer gestirnten Maschine.
Alecto.
Thisiphone.
Mägera.

Prologus.

Die Nacht *von oben.*

Ich bin die dunkle Nacht, die alles schlafend macht,
Ich bin des Morpheus Weib, der Laster Zeitvertreib,
Ich bin der Diebe Schutz, und der Verliebten Trutz,
Ich bin die dunkle Nacht, und hab in meiner Macht,
Die Bosheit auszuüben, die Menschen zu betrüben,
Mein Mantel decket zu der Huren Schand' und Ruh',
Eh' Phöbus noch wird prangen, will ich ein Spiel anfangen;
Ihr Kinder meiner Brust, ihr Töchter meiner Lust,
Ihr Furien, auf, auf, hervor und laßt euch sehen,
Kommt, höret fleißig zu, was kurzens soll geschehen.

Alecto.

Was sagt die dunkle Nacht, die Königin der Stille
Was giebt sie Neues an, was ist ihr Lust und Wille?

Mägera.

Aus Acherons finstrer Höhle komm ich Mägera her,
Von dir, du Unglücksfrau, zu hören dein Begehr.

Thisiphone.

Und ich Thisiphone, was hast du vor, sag an,
Du schwarze Hecate, ob ich dir dienen kann?

Nacht.

Hört an, ihr Furien alle drey, hört an, ihr Kinder der Finsterniß und Gebärerin alles Unglücks, hört an eure mit Mohnhäupter gekrönte Königin der Nacht, eine Gebietherin der Diebe und Räuber, eine Freundin und Klarheit der Mordbrenner, eine Liebhaberin des verstohlnen Gutes, und höchstgeliebte Göttin der Verliebten in Unehren, wie ofte wird mein Laster-Altar durch diese genannte That verehret! Diese Nacht und künftigen Tag müßt ihr mir beystehn, denn es ist der König dieses Reichs in Liebe gegen seines Bruders Weib entbrannt, welchen er um ihrenthalben ermordet, um sie und das Königreich zu bekommen. Nun ist die Stunde vorhanden, daß er sein Beylager mit ihr hält, ich will meinen Mantel über sie decken, daß sie beyde ihre Sünden nicht sehn sollen, derowegen seyd bereit, den Saamen der Uneinigkeit auszustreuen, mischet Gift unter ihre Eh', und Eifersucht in ihre Herzen. Legt ein Rachfeuer an, laßt die Funken in dem ganzen Reich herumfliegen, verwirret die Blutsfreunde in dem Lasternetz, und macht der Hölle eine Freude, damit diejenigen, welche in der Mord-See schwimmen, bald ersaufen; gehet, eilet, und verrichtet meinen Befehl.

THISIPHONE.

Ich höre schon genung, und werde bald verrichten
Mehr als die dunkle Nacht von ihr selbst kann erdichten.

MÄGERA.

Der Pluto selbst soll mir so viel im Sinn nicht geben,
Als man in kurzer Zeit von mir bald wird erleben.

ALECTO.

Ich blas' die Funken an, und mach' das Feuer brennen,
Ich will, eh 's zweymal tagt, die ganze Lust zertrennen.

NACHT.

So eilt, ich fahre auf, verrichtet euren Lauf.
(*Fährt auf. Music.*)

Personen.

Geist des alten Königs von Dännemark.

Erico, Bruder des Königs.

Hamlet, Prinz des ermordeten Königs.

Sigrie, die Königin, Hamlets Mutter.

Horatio, ein hoher Freund des Prinzen.

Corambus, Königlicher Hofmarschall.

Leonhardus, dessen Sohn.

Ophelia, dessen Tochter.

Phantasmo, Hofnarr.

Francisco, Officier der Wache.

Jens, ein Bauer.

Carl, der Principal von den Comödianten.

Corporal von der Wache.

Zwey redende Banditen.

Zwey Schildwachen.

Trabanten,
Hofdiener,
Zwey Comödianten, } Stumme.

Erster Act.

Scene I.

1. Schildwache. Wer da?

2. Schildwache. Gut Freund!

1. Schildwache. Was vor Freund?

2. Schildwache. Schildwache!

1. Schildwache. Oho, Camerad, kommst du, mich abzulösen, ich wünsche, daß dir die Stunde nicht möge so lang werden, als mir.

2. Schildwache. Ey, Camerad, es ist ja nun so kalt nicht.

1. Schildwache. Ob es gleich kalt ist, so hab ich doch hier einen Höllenschweiß ausgehalten.

2. Schildwache. Wie so zaghaft! das stehet keinen Soldaten an; er muß weder Freund noch Feind, ja den Teufel selbst nicht fürchten.

1. Schildwache. Ja wenn er dich einst bey der Cartause kriegen wird, du wirst das Miserere Domine wohl beten lernen?

2. Schildwache. Was ist denn eigentlich deine Furcht?

1. Schildwache. Wisse denn, daß sich ein Gespenst an der Vorderseite des Castels sehen läßt, es hat mich schon wollen zweymal von der Bastey herunterwerfen.

2. Schildwache. So lös' ab, du Narr, ein todter Hund beist nicht mehr; ich werde ja sehen, ob ein Geist, welcher weder Fleisch noch Bein hat, mir wird schaden können.

1. Schildwache. Siehe nur zu, wenn es dir anders erscheinen wird, was es vor Händel macht; ich gehe nach der Hauptwache. Adieu. *(ab.)*

2. Schildwache. Gehe du nur hin, vielleicht bist du ein Sonntagskind, die sollen alle Gespenster sehen können, ich warte meines Dienstes.

(Es werden inwendig Gesundheiten geblasen.)

2. SCHILDWACHE. Unser neuer König macht sich lustig; sie trinken Gesundheiten.

SCENE II.

GEIST *des Königs tritt neben die Schildwache, und erschrickt ihn; ab.*

2. SCHILDWACHE. Ach heiliger Anton von Padua stehe mir bey; nun sehe ich erstlich, was mein Camerad gesagt. O Saint Velten, wenn nur erstlich die Hauptrunde vorbey wäre, ich lief als ein Schelm von der Post weg.

(*Es wird wieder geblasen und gepauckt.*)

2. SCHILDWACHE. Hätte ich doch einen Trunk Wein von des Königs Tafel, damit ich mein erschrocknes, angebranntes Herz begiessen könnte.

(GEIST *giebt von hinten der Schildwache eine Ohrfeige, daß er die Musquete fallen läßt; ab.*)

2. SCHILDWACHE. Da spielt der Teufel leibhaftig mit. Ach ich bin so erschrocken, daß ich nicht aus der Stelle kommen kann.

SCENE III.

HORATIO UND SOLDATEN.

2. SCHILDWACHE. Wer da?

HORATIO. Runde!

2. SCHILDWACHE. Was für Runde?

HORATIO. Hauptrunde!

2. SCHILDWACHE. Steh Runde! Corporal heraus, Bursche ins Gewehr!

(*Francisco und Wache heraus, geben das Wort auf der andern Seite.*)

HORATIO. Schildwacht, gieb wohl Achtung auf deinen Posten, der

Prinz möchte selbst patrolliren; daß du ja nicht etwan schlafest, sonst kostet es deinen besten Hals.

2. Schildwache. Ach wenn auch die ganze Compagnie hier wäre, es würde keiner schlafen, und man muß mich ablösen, oder ich laufe davon, und sollt ich auch morgen an den höchsten Galgen gehenkt werden.

Horatio. Was ist denn die Ursach?

2. Schildwache. Ach, gnädiger Herr, es läßt sich alle Viertelstunde ein Geist allhier sehn, welcher mir so viel zusetzt, daß ich mir einbilden muß, als sässe ich lebendig im Fegfeuer.

Francisco. Eben also hat mir die erste Schildwacht auch erzählt, welche in der vorigen Stunde abgelöset.

2. Schildwache. Ja, ja, verziehet nur ein wenig, es wird nicht lange bleiben.

(*Geist gehet über das Theater.*)

Horatio. Bey meinem Leben, es ist ein Geist, und sieht recht ähnlich dem letztverstorbenen König von Dännemark.

Francisco. Er gebehrdet sich kläglich, und läßt, als ob er was sagen wollte.

Horatio. Hierunter ist etwas verborgen.

Scene IV.

Hamlet.

2. Schildwache. Wer da?

Hamlet. Schweig!

2. Schildwache. Wer da?

Hamlet. Schweig!

2. Schildwache. Antwort, oder ich werde dir was anders weisen.

Hamlet. Freund!

2. Schildwache. Was vor Freund?

Hamlet. Des Reichs Freund.

Francisco. Bey meinem Leben, es ist der Prinz!

Horatio. Ihro Durchlaucht, sind Sie es, oder nicht?

Hamlet. Siehe, Horatio, seyd Ihr es! Was macht Ihr hier?

Horatio. Ew. Durchl. aufzuwarten, ich habe die Wachen etwas visitirt, ob auch alle Posten wohl besetzt seyn.

Hamlet. Ihr thut als ein ehrlicher Soldat, denn auf Euch ruhet des Königs und des Reichs Sicherheit.

Horatio. Ihro Durchlaucht, es trägt sich ein wunderlicher Casus zu, massen sich allhier alle Viertelstunde ein Geist sehn läßt; er gleicht, meinen Einbildungen nach, recht dem verstorbenen König, Dero Herrn Vater. Er thut auf diesem Rundeel der Schildwacht grossen Schaden.

Hamlet. Das will ich nicht hoffen, denn die Seelen der Frommen ruhen wohl bis zu der Zeit ihrer Erneurung.

Horatio. Es ist nicht anders, Ihro Durchlaucht, ich habe ihn selbst gesehn.

Francisco. Mich hat er sehr erschreckt, Ihro Durchl.

2. Schildwache. Und mich hat er eine brave Ohrfeige gegeben.

Hamlet. Wie ist es an der Zeit?

Francisco. Es ist recht Mitternacht.

Hamlet. Eben recht, denn um dieselbe Zeit pflegen sich die Geister sehn zu lassen, wenn sie wandeln.

(*Es wird wieder Gesundheit geblasen.*)

Hamlet. Holla! was ist dieses?

Horatio. Mich dünkt, als wann sie zu Hofe noch lustig Gesundheiten trinken.

Hamlet. Recht, Horatio! mein Herr Vater und Vetter wird sich mit seinen Adhoerenten noch wacker lustig machen. Ach! Horatio, ich weiß nicht, warum nach meines Herrn Vaters Tod ich allezeit solche Herzensangst gehabt; dahergegen meine Königliche Frau Mutter ihn bald gar vergessen, dieser König aber ihn noch eher: denn weil ich in Teutschland gewesen, hat er sich geschwinde zum König in Dännemark krönen lassen, unter dem

Schein des Rechtens aber hat er mir die Krone von Norwegen überlassen, und beruft sich auf die Wahl der Stände.

Scene V.

Geist.

2. Schildwache. O wehe, der Geist kommt wieder!

Horatio. Sehen nun Ihro Durchlaucht?

Francisco. Ihro Durchlaucht erschrecken nicht!

(*Der Geist geht über das Theater und winket Hamlet.*)

Hamlet. Der Geist winkt mir; Ihr Herren, Sie treten ein wenig an die Seite, Horatio mache dich nicht zu weit, ich will den Geist folgen und sein Begehren vernehmen. (*ab.*)

Horatio. Ihr Herren, wir wollen ihm folgen, damit ihm kein Leid wiederfahre. (*gehen ab.*)

(*Geist winket bis aufs halbe Theater, und thut etlichemal das Maul auf.*)

Hamlet. Rede, wer du bist, und sage, was du begehrest.

Geist. Hamlet!

Hamlet. Herr!

Geist. Hamlet!

Hamlet. Was begehrst du?

Geist. Höre mich, Hamlet, denn die Zeit kommt bald, daß ich mich wieder an denselben Ort begeben muß, wo ich hergekommen; höre, und gieb wohl Achtung, was ich dir erzählen werde.

Hamlet. Rede, du seeliger Schatten meines Königlichen Herrn Vaters.

Geist. So höre, mein Sohn Hamlet, was ich dir erzählen will von deines Vaters unnatürlichem Tode.

Hamlet. Was? unnatürlichem Tode?

Geist. Ja, unnatürlichem Tode! Wisse, daß ich den Gebrauch hatte, welchen mir die Natur angewöhnet, daß ich täglich nach der Mahlzeit zu Mittage in meinem Königlichen Lustgarten zu gehn pflegte, um allda mich eine Stunde der Ruhe zu bedienen. Als ich denn eines Tages auch also thät, siehe da kommt mein Kronsüchtiger Bruder zu mir, und hatte einen subtilen Saft von Ebeno genannt bey sich; dieses Öl oder Saft hat diese Wirkung, daß, sobald etliche Tropfen von diesen unter das menschliche Geblüt kommen, sie alsobald alle Lebensadern verstopfen, und ihm das Leben nehmen. Diesen Saft goß er mir, als ich schlief, in meine Ohren, sobald dasselbe in den Kopf kam, mußte ich augenblicklich sterben, hernach gab man vor, ich hätte einen starken Schlagfluß bekommen. Also bin ich meines Reichs, meines Weibes, und meines Lebens von diesem Tyrannen beraubt.

HAMLET. Gerechter Himmel, wo dieses wahr, so schwör ich dir die Rache.

GEIST. Ich werde nicht eher ruhen, bis mein unnatürlicher Tod gerochen ist. (*ab.*)

HAMLET. Ich schwöre, nicht zu ruhen, bis ich mich an diesem Brudermörder gerochen habe.

SCENE VI.

HORATIO, HAMLET, FRANCISCO.

HORATIO. Wie stehts mit Ihro Durchlaucht? wie so erschrocken? Haben Sie sich vielleicht alterirt?

HAMLET. Ach freylich, und zwar über die maaßen!

HORATIO. Haben Ihro Durchlaucht den Geist gesehn?

HAMLET. Ja! sicherlich hab ich ihn gesehn, auch mit ihm geredet.

HORATIO. O Himmel, dieses wird etwas Sonderliches bedeuten!

HAMLET. Er hat mir eine greuliche Sache offenbart, darum bitte ich, Ihr Herren, stehet mir bey in einer Sache, welche Rache erfodert.

Horatio. Meiner Treue sind Sie gewiß versichert, darum offenbaren Sie mir es nur.

Francisco. Ihro Durchlaucht zweifeln an meiner Hülfe auch nicht!

Hamlet. Ihr Herren, ehe und bevor ich Euch solches offenbare, so sollt Ihr mir bey Ehre und Treu einen Eid schwören.

Francisco. Ihro Durchlaucht wissen, daß ich Sie höchst liebe, ich will auch gern mein Leben darbey aufsetzen, wenn Sie sich rächen wollen.

Horatio. Sie fordern nur den Eid von uns, wir wollen Sie getreu beystehn.

Hamlet. So leget Eure Finger auf meinen Degen: Wir schwören.

Horatio und Francisco. Wir schwören.

Geist (*inwendig*). Wir schwören.

Hamlet. Holla! was ist dieses? Noch einmal, wir schwören.

Horatio und Francisco. Wir schwören.

Geist. Wir schwören.

Hamlet. Dieses muß was Sonderliches bedeuten. Kommt noch einmal, wir wollen auf die andre Seite gehn. Wir schwören.

Horatio und Francisco. Wir schwören.

Geist. Wir schwören.

Hamlet. Was ist dieses? Sollte wohl ein Echo den Wiederschall von unsern Worten wieder zurückschicken. Kommt wir wollen noch an einen andern Ort gehen. Wir schwören.

Geist. Wir schwören.

Hamlet. O ich höre schon, was dieses ist: es scheinet, daß der Geist meines Herrn Vaters nicht damit zufrieden, daß ichs offenbaren soll. Ihr Herren, ich bitte, verlaßt mich, ich will Euch morgen alles offenbaren.

Horatio und Francisco. Ihro Durchlaucht leben wohl. (*Francisco ab.*)

Hamlet. Horatio, komm her.

Horatio. Was verlangen Eure Durchlaucht?

HAMLET. Ist der andre weg?

HORATIO. Ja, er ist schon weg.

HAMLET. Ich weiß, Horatio, du bist mir jederzeit getreu gewesen, dir will ichs offenbaren, was mir der Geist gesagt, nemlich daß mein Vater eines unnatürlichen Todes gestorben. Mein Vater, der anjetzo auch mein Vater ist, der hat ihn ermordet.

HORATIO. O Himmel, was höre ich!

HAMLET. Du weißt, Horatio, daß mein seeliger Herr Vater die Gewohnheit hatte, daß er täglich nach der Mittagsmahlzeit in seinem Lustgarten sich einer Stunde des Schlafs bediente. Solches dieser Bösewicht wissend, kommt zu meinem Herrn Vater, und im Schlaf gießt er ihm den Saft von Ebeno in das Ohr, daß er alsobald von diesem starken Gift muß den Geist aufgeben. Dieses hat der verfluchte Hund darum gethan, die Krone zu erlangen: aber von dieser Stunde an will ich anfangen eine simulirte Tollheit, und in derselben Simulation will ich meine Rolle so artig spielen, bis ich Gelegenheit finde, meines Herrn Vaters Tod zu rächen.

HORATIO. Ist es also, Ihro Durchlaucht, so will ich Sie getreue Hand bieten.

HAMLET. Horatio, ich will mich an diesen Kronsüchtigen, an diesen Ehebrecher und Mörder also rächen, daß die Nachwelt der Ewigkeit davon nachsagen soll; ich will itzund gehn, und ihm verstellterweise aufwarten, bis daß ich Gelegenheit finde, die Rache auszuüben. (*gehen ab.*)

SCENE VII.

KÖNIG. KÖNIGIN. HAMLET. CORAMBUS *und Staat.*

KÖNIG. Obschon unsers Herrn Bruders [Tod] noch in frischem Gedächtniß bey jedermann ist, und uns gebietet, alle Solennitäten einzustellen, werden wir doch anjetzo genöthiget, unsere schwarze Trauerkleider in Carmosin, Purpur und Scharlach zu verändern, weil nunmehro meines seeligen Herrn Bruders hinterbliebene Wittwe unsere liebste Gemahlin worden; darum erzeige sich ein jeder freudig, und mache sich unser Lust theilhaftig. Ihr aber, Prinz Hamlet, gebet Euch zufrieden; sehet hier Eure Frau Mutter, wie traurig und betrübt daß sie ist über Eure Melancholie. Auch haben wir vernommen, daß Ihr gesonnen seyd, wieder nach Wittenberg zu reisen, thut solches nicht Eurer Mutter wegen; bleibt hier, denn wir Euch lieben und gerne sehen, wollten also nicht gerne, daß Euch einiger Schade wiederfahren sollte, bleibt bey uns am Hofe, oder wo ja nicht, so könnt Ihr Euch nach Norwegen in Euer Königreich begeben.

KÖNIGIN. Vielgeliebter Sohn Prinz Hamlet, es nimmt uns groß Wunder, daß Ihr Euch habt vorgenommen, von hier zu reisen, und Euch nacher Wittenberg zu begeben. Nun wisset Ihr ja wohl, daß Euer Königlicher Herr Vater unlängst Todes verblichen, weswegen uns große Traurigkeit und Melancholie zu Herzen gestoßen, und wenn Ihr solltet von uns reisen, würde sich dieselbe ein großes vermehren; darum, liebster Sohn, bleibt hier: alle Freude und Lust, so Euch beliebt, sollt Ihr ohne Weigerung genießen.

HAMLET. Ihrem Befehl will ich von Herzen gern gehorsamen, und vor diesesmal hier bleiben und nicht verreisen.

KÖNIG. Thut solches, liebster Prinz. Aber Corambus, wie ist es mit eurem Sohn Leonhardo, ist er schon hinweg nacher Frankreich verreiset.

CORAMBUS. Ja gnädiger und Herr König, er ist schon weg.

KÖNIG. Ist es aber mit eurem Consens geschehen?

CORAMBUS. Ja, mit Ober-Consens, mit Mittel-Consens und mit Unter-Consens. O, Ihro Majestät, er hat einen über die maaßen herrlichen, treflichen, prächtigen Consens von mir bekommen.

König. Weilen er mit eurem Consens verreiset, so mag es ihm wohlgehen, und die Götter wollen ihm gesund wieder anhero helfen. Wir aber sind gesonnen, ein Carisell anzustellen, damit unserer liebsten Gemahlin die Traurigkeit vergehe. Ihr aber, Prinz Hamlet, sollet Euch auch nebst andern hohen Personen lustig erzeigen, vor diesesmal aber wollen wir der Lustigkeit ein Ende machen, weil der Tag sich nahet, die schwarze Nacht zu vertreiben. Sie aber, wertheste Gemahlin, werd ich nach Ihrem Schlafgemach begleiten.

Kommt, laßt uns Hand in Hand, und Arm um Arm einschließen,
Laßt uns das süße Pfand der Lieb und Ruh genießen.

Zweyter Act.

Scene I.

König. Königin.

König. Liebste Gemahlin, wie kommt es, daß Ihr so traurig seyd, Sie entdecke doch die Ursache Ihrer Betrübnisse, Sie ist ja unsere Königin, wir lieben Sie, und alles, was das ganze Reich vermag, ist Ihr eigen, worüber hat Sie sich denn zu betrüben?

Königin. Mein König, ich habe große Betrübnisse über die Melancholie meines Sohnes Hamlets, welcher mein einziger Prinz ist, und dieses schmerzt mich.

König. Wie? ist er melancholisch? Wir wollen alle vornehme Doctores und Ärzte in unserm ganzen Königreich zusammen verschreiben, damit ihm geholfen werde.

Scene II.

Corambus *zu diesen.*

Corambus. Neue Zeitung, gnädiger Herr und König!

König. Was ist denn Neues vorhanden?

Corambus. Prinz Hamlet ist toll, ja so toll, als der griechische Tolleran jemals gewesen.

König. Und warum ist er toll?

Corambus. Darum, daß er seinen Verstand verloren.

König. Wo hat er denn seinen Verstand verloren?

Corambus. Das weiß ich nicht, das mag derjenige wissen, welcher ihn gefunden hat.

Scene III.

Ophelia.

Ophelia. Ach, Herr Vater, beschirmet mich!

Corambus. Was ist es denn, mein Kind?

Ophelia. Ach, Herr Vater, Prinz Hamlet plagt mich, ich kann keinen Frieden für ihn haben!

Corambus. Stelle dich zufrieden, liebe Tochter: aber er hat dich ja sonsten nichts gethan. O nun weiß ich schon, warum Prinz Hamlet toll ist; er ist gewiß in meine Tochter verliebt?

König. Hat denn die Liebe eine solche Kraft, einen Menschen toll zu machen?

Corambus. Gnädiger Herr und König, freylich ist sie kräftig genug, einen Menschen toll zu machen. Denn ich gedenke noch, da ich noch jung war, wie mich die Liebe plagte, ja sie hat mich so toll gemacht, als einen Märzhaasen, anjetzo aber acht ich sie nicht mehr: Ich sitze lieber bey dem Ofen, und zähle meine rothe Pfennige, und trinke Ihro Majestät Gesundheit.

König. Kann man aber seine Raserey und Tollheit nicht selbst in Augenschein nehmen?

Corambus. Ja, Ihro Majestät, wir wollen nur ein wenig an die Seite treten, und meine Tochter soll ihm das Kleinod, welches er ihr verehrt hat, zeigen, so können Ihro Majestät seine Tollheit sehn.

König. Liebste Gemahlin, Sie lasse sich belieben, in Ihr Gemach zu gehn, wir wollen unterdessen seine Tollheit in Augenschein nehmen. *(verstecken sich.)*

Scene IV.

Hamlet *und* Ophelia.

Ophelia. Eure Durchlaucht nehmen doch das Kleinod wieder, welches Sie mir geschenket.

Hamlet. Was, Mädchen, willst du gern einen Mann haben? Gehe weg von mir – doch, komm her. Höre, Mädchen, ihr Jungfern, ihr thut nichts anders, als die junge Gesellen verführen, eure Schönheit kauft ihr bey den Apothekern und Krämern: höret, ich will euch eine Historie erzählen. Es war ein Kavalier in Anion, der verliebte sich in eine Dame, welche anzusehen war wie die Göttin Venus, wie sie nun sollten zusammen zu Bette gehen, ging die Braut vor, und fing an, sich auszuziehen, nahm erstlich das eine Auge aus, welches künstlicherweise war eingesetzt, hernach die Vorderzähne, welche von Elfenbein auch so künstlich waren eingemacht, daß mans nicht sehn konnte, hernach wusch sie sich, da ging die Schminke, womit sie sich angestrichen hatte, auch fort. Der Bräutigam kam endlich, gedachte seine Braut zu umfangen, wie er sie aber ansichtig ward, erschrack er, und gedachte, es wäre ein Gespenst. Also betrügt ihr die Junggesellen, darum höret mich auch. Aber warte, Mädchen – doch, gehe nur fort nach dem Kloster, aber nicht nach einem Kloster, wo zwey Paar Pantoffeln vor dem Bette stehen. *(ab.)*

Corambus. Ist er nicht perfect und veritabel toll, gnädiger Herr und König.

König. Corambus, verlaß uns, wenn wir werden euch vonnöthen haben, wollen wir euch schon rufen lassen (*Corambus ab.*) Wir haben des Prinzen Tollheit und Raserey mit großer Verwunderung gesehn, uns dünkt aber, daß es keine rechte Tollheit, sondern vielmehr eine simulirte Tollheit sey; wir müssen verschaffen, daß er an die Seite oder gar ums Leben gebracht werde, es möchte sonst was Übels daraus entstehen. *(ab.)*

Scene V.

Hamlet. Horatio.

Hamlet. Mein werther Freund, Horatio, durch diese angenommene Tollheit hoffe ich Gelegenheit zu bekommen, meines Vaters Tod zu rächen. Ihr wißt aber, mein Vater ist allezeit mit vielen Trabanten umgeben, darum so es etwa mir mißlingen möchte, und ihr etwa meinen Leichnam findet, so laßt ihn doch ehrlich zu der Erden bestätigen, denn die erste Gelegenheit, die ich finde, werde ich mich an ihm wagen.

Horatio. Ich bitte Ihro Durchlaucht, Sie wollen solches nicht thun, vielleicht hat Sie der Geist betrogen.

Hamlet. O nein, seine Worte waren allzuwohl ausgesprochen, ich kann ihm wohl Glauben geben. Was aber bringt der alte Narr Neues?

Scene VI.

Corambus.

Corambus. Neue Zeitung, gnädiger Herr! Die Comödianten sind angekommen.

Hamlet. Da Marus Russig ein Comödiant war zu Rom, was war da vor eine schöne Zeit!

Corambus. Ha, ha, ha! Allezeit vexiren mich Ihro Hoheiten.

Hamlet. O Jeptha, Jeptha, was hast du vor ein schönes Töchterlein!

Corambus. Alle Zeiten wollen Ihro Hoheiten, daß meine Tochter soll herhalten.

Hamlet. Wohlan, Alter, laß den Meister von den Comödianten hereinkommen.

Corambus. Es soll geschehn. *(ab.)*

Hamlet. Diese Comödianten kommen eben recht, denn durch ihnen will ich probiren, ob mich der Geist mit Wahrheit berichtet, oder nicht. Ich habe vor diesem eine Tragödie gesehn, daß ein Bruder den anderen im Garten ermordet, diese sollen sie agiren; wird sich der König nun entfärben, so hat er gethan, was mir der Geist gesagt hat.

Scene VII.

Comödianten. *Principal* Carl.

Carl. Ihro Hoheiten wollen die Götter allezeit mit Seegen, Glück und Gesundheit beschenken.

Hamlet. Ich dank euch, mein Freund, was verlanget ihr?

Carl. Ihro Hoheiten wollen uns in Gnaden verzeihen, wir sind fremde hochteutsche Comödianten, und hätten gewünscht, das Glück zu haben, auf Ihro Majestät des Königs Beylager zu agiren, allein das Glück hat uns den Rücken, der contraire Wind aber das Gesichte zugekehret, ersuchen also an Ihro Hoheiten, ob wir nicht noch eine Historie vorstellen könnten, damit wir unsere weite Reise nicht gar umsonst möchten gethan haben.

Hamlet. Seyd ihr nicht vor wenig Jahren zu Wittenberg auf der Universität gewesen, mich dünkt, ich habe euch da sehn agiren.

Carl. Ja, Ihro Hoheiten, wir sind von denselben Comödianten.

Hamlet. Habt ihr dieselbe Compagnie noch ganz bey euch.

Carl. Wir sind zwar nicht so stark, weilen etliche Studenten in Hamburg Condition genommen, doch seynd wir zu vielen lustigen Comödien und Tragödien stark genug.

Hamlet. Könnt ihr uns noch wohl diese Nacht eine Comödie präsentiren?

Carl. Ja, Ihro Hoheiten, wir sind stark und exercirt genug.

Hamlet. Habt ihr noch alle drey Weibspersonen bey euch, sie agirten sehr wohl?

Carl. Nein, nur zwey, die eine ist mit ihrem Mann an den Sächsischen Hof geblieben.

Hamlet. Wie ihr zu Wittenberg waret, so agirtet ihr dazumal gute Comödien. Allein ihr hattet etliche Bursche bey euch, die hatten gute Kleider an, aber schwarze Hemden, etliche hatten Stiefeln an, aber keine Sporen.

Carl. Ihro Hoheiten, man kann oft nicht alles haben, vielleicht haben sie gedacht, sie dürfen nicht reiten.

Hamlet. Doch ist es besser, wenn alles accurat ist: doch höret noch mehr, und bitte zu verzeihen, ihr höret oft nicht gleich, was die Zuschauer urtheilen, dann da waren auch etliche, die hatten seidne Strümpfe und weiße Schuh an, aber auf dem Haupte hatten sie schwarze Hüte, die waren voll Federn, unten bald so voll als oben, die Plomaschen waren, ich glaube, sie musten anstatt der Schlafmützen damit in den Betten gelegen haben, das steht so schlimm, und ist leicht zu ändern. Auch könnt ihr wohl etlichen davon sagen, wenn sie eine königliche oder fürstliche Person agiren, daß sie doch nicht so sehr gucken, wenn sie ein Compliment gegen eine Dame machen, auch nicht so viel spanische Pfauentritte und solche Fechtermienen, denn ein Potentat lacht darüber, sein naturell ist das beste: der einen König agiret, muß sich einbilden, daß er in dem Spiel ein König sey, und ein Bauer auch wie ein Bauer.

Carl. Ihro Hoheit, ich nehme mit unterthäniger Ehrerbietung diese Correction an, und werden uns künftig besser gewöhnen.

Hamlet. Ich bin ein großer Liebhaber eurer Exercitien, und meyne es nicht übel, denn man kann in einem Spiegel seine Flecken sehen: Höret mir nun, ihr agirtet dazumahlen eine Materie in Wittenberg von dem König Pir Pir – es pirt sich so.

Carl. Ach es wird vielleicht von dem grossen König Pyrro seyn?

Hamlet. Mich dünkt es, doch weiß ich es eigentlich nicht.

Carl. Wenn Ihro Hoheit nur noch etliche Personen nennen, oder etwas von dem Inhalt melden wollten.

Hamlet. Es war so, daß ein Bruder den andern im Garten ermordet.

Carl. So wird es doch diese Materie seyn. Gießt des Königs Bruder nicht dem Königе einen Gift in das Ohr?

Hamlet. Recht, recht, eben dieselbe ist es; könnt ihr wohl sie diesen Abend noch präsentiren?

Carl. O ja, das können wir leicht machen, denn es kommen wenig Personen dazu.

Hamlet. So gehet hin, machet das Theater fertig in dem großen Saal; was euch an Behölzung mangelt, könnt ihr von dem Schloßbaumeister fordern; steht euch etwas aus der Rüstkammer an, oder habt ihr nicht Kleider genug, so meldet euch bey den Quatrober oder Intendanten an, wir wollen, daß euch alles soll gefolgt werden.

Carl. Ich bedanke mich in Unterthänigkeit gegen Eure Hoheiten für diese hohe Gnade, wir wollen zum Anfang eilen. Sie leben wohl. *(ab.)*

Hamlet. Diese Comödianten kommen mir itzo sehr wohl zu Passe. Horatio, gieb wohl acht auf den König: wo er sich entfärbt oder alterirt, so hat er gewiß die That verrichtet, denn die Comödianten treffen oft mit ihren erdichteten Dingen den Zweck der Wahrheit. Höre, ich will dir eine artige Historie erzählen: In Teutschland hat sich zu Straßburg ein artiger Casus zugetragen, indem ein Weib ihren Mann mit einen Schuhpfriemen durchs Herze ermordet, hernach hat sie mit ihrem Hurenbuhler den Mann unter die Thürschwelle begraben, solches ist neun ganzer Jahr verborgen geblieben, bis endlich Comödianten allda zukamen, und von dergleichen Dingen eine Tragödie agirten; das Weib, welches mit ihrem Mann auch in dem Spiel war, fängt überlaut (weil ihr das Gewissen gerühret wurde) an zu rufen, und schreyt: o weh, das trift mich, denn also hab ich auch meinen unschuldigen Ehemann ums Leben gebracht. Sie raufte ihre Haare, lief aus dem Schauspiel nach dem Richter, bekannte freywillig ihren Mord, und als solches wahrhaft befunden, wurde sie in großer Reue ihrer Sünden von denen Geistlichen getröstet, und in wahrer Buße übergab sie ihren Leib den Scharfrichter, den Himmel aber befahl sie ihre Seele. – Ach, wo mein Vater und Vetter auch in sich gehen möchte, wo er diese Sache begangen hat! Komm, Horatio, wir wollen gehen, und den König aufwarten; ich bitte dich aber, observire alle Dinge genau, denn ich werde simuliren.

Horatio. Ihro Durchlaucht, ich werde meinen Augen eine scharfe Aufsicht anbefehlen. *(gehen ab.)*

Scene VIII.

König. Königin. Hamlet. Horatio. Corambus. Ophelia.
Staat.

König. Meine wertheste Gemahlin, nun hoffe ich, daß Sie Ihre Traurigkeit wird verbannen, und der Freude den Wohnplatz einräumen, es soll vor der Abendtafel Ihr von den Teutschen eine Komödie und nach der Tafel von unsern Landskindern ein Ballet gehalten werden.

Königin. Ich will solche Lust gar gerne sehn, ich glaube schwerlich, daß sich mein Herz wird zufrieden geben, denn ich weiß nicht, was vor ein bevorstehendes Unglück unser Gemüth verunruhiget.

König. Sie gebe sich doch zufrieden. Prinz Hamlet, wir haben vernommen, daß Comödianten sind anhero kommen, welche uns noch diesen Abend eine Comödie präsentiren wollen: sagt uns, verhält sich das also?

Hamlet. Ja, Herr Vater, sie haben bey mir angehalten, ich habe es ihnen auch permittirt. Ich hoffe, Ihro Majestät werden es auch zufrieden seyn.

KÖNIG. Was ist es vor eine Materie, es ist ja wohl nicht etwa was Widerwärtiges oder was Unhöfliches?

HAMLET. Es ist eine gute Materie; uns, die wir gutes Gewissen haben, denen gehet es nichts an.

KÖNIG. Wo sind sie? laßt sie nur bald anfangen, denn wir wollen zusehen, was die Teutschen thun können.

HAMLET. Herr Marschall, sehet zu, ob die Comödianten fertig, saget, daß sie anfangen.

CORAMBUS. Ihr Herren Comödianten, wo seyd ihr? Fort, ihr sollt geschwinde anfangen. Holla, sie kommen schon!

(Hier kommt die Comödie: Der König mit seiner Gemahlin. Er will sich schlafen legen: die Königin bittet, er soll es nicht thun, er legt sich doch nieder, die Königin nimmt ihren Abschied mit einem Kuß, und geht ab. Des Königs Bruder kommt mit einem Gläschen, gießt ihm was ins Ohr und geht ab.)

HAMLET. Das ist der König Pyrrus, der geht nach den Garten schlafen. Die Königin bittet ihn, er soll es nicht thun, er aber legt sich doch. Das arme Weibchen geht weg: sehet, da kommt des Königs Bruder, welcher das Gift von Ebeno hat, gießet ihm ins Ohr, welches sobald das menschliche Geblüthe empfängt, dessen Leib alsobald ertödtet.

KÖNIG. Fackeln, Windlichter her, die Comödie gefällt uns nicht!

CORAMBUS. Pagen, Lakeyen, brennt die Fackeln an, der König will abgehn: Geschwinde, brennet an, die Comödianten haben einen stumpf gemacht.

(König, Königin, Corambus und Staat gehen ab.)

HAMLET. Fackeln her, die Comödie gefällt uns nicht – Nun, siehst du, daß mich der Geist nicht betrogen hat! Comödianten, gehet nur von hier mit diesem Beschluß, ob ihr zwar die Materie nicht zum Ende gespielt, und es dem König nicht behaget, so hat es uns doch wohlgefallen, Horatio soll euch meinetwegen contentiren.

CARL. Wir bedanken uns, und bitten um einen Reisepaß.

HAMLET. Den sollt ihr haben. *(Comödianten ab.)* Nun darf ich die Rache kühnlich fortsetzen. Sahet ihr, wie sich der König entfärbte, da er das Spiel sahe?

HORATIO. Ja, Ihro Durchlaucht, die That ist gewiß.

HAMLET. Eben also meinen Vater getödtet, wie ihr in diesem Schauspiel gesehn. Aber ich will ihm den Lohn für seine böse That geben.

SCENE IX.

CORAMBUS.

CORAMBUS. Die Comödianten werden eine schlechte Belohnung bekommen, denn ihre Action hat den König sehr mißfallen.

HORATIO. Was sagst du, Alter, werden sie eine schlechte Belohnung empfangen? und ob sie schon übel von dem König belohnt werden, so werden sie doch von dem Himmel desto besser belohnet werden.

CORAMBUS. Ihro Hoheit, kommen denn die Comödianten auch in den Himmel?

HAMLET. Was meynest du, alter Narr, daß sie nicht auch allda werden ihren Platz finden, darum gehet hin und tractiret mir diese Leute wohl.

CORAMBUS. Ja ja, ich will sie tractiren, wie sie es verdienen.

HAMLET. Tractiret sie wohl, sag ich, denn es geschiehet kein größer Lob, als durch Comödianten, denn dieselben reisen weit in die Welt: geschiehet ihnen an einem Orte etwas Gutes, so wissen sie es an einem andern Orte nicht genug zu rühmen, denn ihr Theatrum ist wie eine kleine Welt, darinnen sie fast alles, was in der großen Welt geschieht, repräsentiren. Sie erneuern die alten, vergessenen Geschichten, und stellen uns gute und böse Exempel vor; sie breiten aus die Gerechtigkeit und löbliche Regierung der Fürsten, sie strafen die Laster und erheben die

Tugenden, sie rühmen die Frommen, und weisen, wie die Tyranney gestraft wird: darum sollt ihr sie wohl belohnen.

CORAMBUS. Nun, sie sollen schon ihren Lohn haben, weil es solche Leute sind. Ihro Hoheiten leben wohl! *(ab.)*

HAMLET. Komm, Horatio, ich gehe, und von dieser Stund an will ich darnach trachten, wo ich den König allein finde, ihm das Leben zu nehmen, wie er meinem Vater gethan hat.

HORATIO. Ihro Durchlaucht sehen sich aber wohl vor, daß Sie nicht auch zu Schaden kommen.

VERS.

HAMLET. Ich soll, ich muß, ich will mich an den Mörder rächen,
Kann ich mit List nichts thun, will ich mit Macht durchbrechen!

Dritter Act.

Scene I.

König.

Hier präsentirt sich im Tempel ein Altar.

König *(allein).* Nunmehro beginnet mein Gewissen aufzuwachen, der Stachel der Betrügerey beginnet mich hart zu stechen, es ist Zeit, daß ich mich zur Bekehrung wende, und dem Himmel mein gethanes Unrecht bekenne. Ich fürchte, daß meine Missethat so groß ist, daß sie mir nicht wird können vergeben werden, doch will ich die Götter inbrünstig bitten, daß sie mir meine schwere Sünden vergeben wollen. *(König kniet vor dem Altar.)*

Scene II.

Hamlet *mit bloßem Degen.*

Hamlet. So lange bin ich den verfluchten Hund nachgegangen, bis ich ihn einmal angetroffen, nun ist es Zeit, weil er allein ist, ich will ihn in seiner grösten Andacht ums Leben bringen. *(will ihn durchstechen.)* Doch nein, ich will ihn erstlich sein Gebet thun lassen. Aber ach! wenn ich mich bedenke, meinen Vater hat er nicht so viel Zeit gelassen, daß er erstlich ein Gebet hätte thun können, sondern hat ihn vielleicht in seinen Sünden schlafend nach der Höllen geschickt, darum will ich ihn auch an denselbigen Ort nachsenden. *(will ihn von hinten wieder durchstoßen.)* Doch, halt ein, Hamlet! Warum willst du seine Sünden auf dich laden? Ich will ihm sein Gebet thun lassen, und vor diesesmal von hier gehen, und das Leben schenken. Zur andern Zeit aber will ich schon meine Rache ausüben. *(ab.)*

König. Mein Gewissen ist etwas erleichtert, aber der nagende Hund liegt noch unter meinem Herzen. Nun will ich hingehen, und mit Fasten und Allmosen, wie auch durch inbrünstiges Gebet, dem Höchsten versöhnen. Ach verfluchte Ehrsucht, wozu hast du mich gebracht! *(ab.)*

Scene III.

Königin. Corambus.

Königin. Corambus, saget doch, wie ist es mit unsern Sohn, Prinz Hamlet, beschaffen, läßt seine Tollheit in etwas ab, und will seine Raserey kein Ende nehmen?

Corambus. Ach nein, Ihro Majestät, er ist eben noch so toll, als er vorhin gewesen.

Scene IV.

Horatio.

Horatio. Gnädigste Königin, Prinz Hamlet ist im Vorgemach, und begehret in geheim Audienz.

Königin. Er ist uns sehr lieb, darum laßt ihn alsobald hereintreten.

Horatio. Es soll geschehen, Ihro Majestät. *(ab.)*

Königin. Verberget euch, Corambus, hinter die Tapeten, bis wir euch rufen.

Corambus. Ja ja, ich werde mich ein wenig verstecken. *(versteckt sich.)*

Scene V.

Hamlet.

Hamlet. Frau Mutter, habt Ihr Euren ersten Gemal wohl gekannt?

Königin. Ach, erinnert mich nicht mehr meiner vorigen Traurigkeit, ich kann mich der Thränen nicht enthalten, wenn ich an denselben gedenke.

Hamlet. Weint ihr? ach, lasts nur bleiben, es sind doch lauter Crocodillsthränen. Aber sehet, dort in jener Gallerie hängt das Conterfait Eures ersten Ehegemals, und da hängt das Conterfait des itzigen: was dünkt Euch wohl, welches ist doch der ansehnlichste unter ihnen? Ist der erste nicht ein majestätischer Herr?

Königin. Ja freylich ist es wahr.

Hamlet. Wie habt Ihr ihn denn sobald vergessen können? Pfui! schämet Euch, Ihr habt fast auf einen Tag Begräbniß und Beylager gehalten. Aber still, sind auch alle Thüren vest verschlossen?

Königin. Warum fraget Ihr das?

(Corambus hustet hinter der Tapete.)

Hamlet. Wer ist es, der uns belauert? *(sticht ihm nieder.)*

Corambus. O weh, Prinz, was thut Ihr! Ich sterbe.

Königin. O Himmel, mein Sohn, was thut Ihr? Es ist Corambus, der Hofmarschall.

Scene VI.

Geist *geht über das Theater. (geblitzet.)*

Hamlet. Ach werther Schatten meines Vaters, stehe still! Ach! ach! was ist dein Begehren? forderst du Rache? dieselbe will ich schon zu rechter Zeit ausüben.

KÖNIGIN. Was macht Ihr, und mit wem redet Ihr?

HAMLET. Sehet Ihr nicht den Geist Eures seeligen Ehegemahls? Sehet, er winket, als wollte er mit Euch reden.

KÖNIGIN. Wie? ich sehe ja nichts.

HAMLET. Ich glaube es wohl, daß Ihr nichts sehet, denn Ihr seyd nicht mehr würdig, seine Gestalt zu sehen. Pfui, schämt Euch, ich mag kein Wort mehr mit Euch reden. *(ab.)*

KÖNIGIN *(alleine)*. Ach Himmel, wie hat doch die Melancholie diesen Prinzen so viele Raserey zugebracht! Ach, mein einziger Prinz hat seinen Verstand ganz verloren! Ach, ach, ich bin viel Schuld daran! Hätte ich meinen Schwager, meines vorigen Gemahls Bruder, nicht zu der Ehe genommen, so hatte ich meinem [Sohn] nicht die Krone Dännemark aus der Hand gespielt. Was ist aber bey geschehenen Dingen zu thun? nichts, es muß nun so bleiben. Hätte mir der Pabst solche Ehe nicht erlaubt: so wäre es auch nimmer geschehen. Ich will hingehen, und mich aufs höchste bemühen, wie ich meinen Sohn wieder zu seinem vorigen Verstand und Gesundheit helfen kann. *(ab.)*

SCENE VII.

JENS *allein.*

Ich bin nun lange nicht zu Hofe gewesen, und meine Zinsen abgegeben. Ich befürchte, wo ich werde hinkommen, ich werde müssen ins Loch kriechen. Könnt ich nur einen guten Freund finden, der ein gutes Wort vor mich redete, damit ich nicht abgestraft werde.

Scene VIII.

Phantasmo.

Phantasmo. Es gehet zu Hofe anjetzo wunderlich zu. Prinz Hamlet ist toll, die Ophelia ist auch toll; in Summa, es geht ganz wunderlich da her, daß ich auch fast Lust habe, hinwegzulaufen.

Jens. Potz tausend, da sehe ich meinen guten Freund Phantasmo, ich hätte keinen bessern antreffen können, ich muß ihn bitten, daß er ein gut Wort vor mich redet. Glück zu, Herr Phantasmo!

Phantasmo. Großen Dank! Was ist dein Begehren, Herr Bauer?

Jens. Ey, mein Herr Phantasmo, ich bin lange nicht zu Hofe gewesen, und bin viel schuldig, darum bitte ich Euch, Ihr wollet doch ein gutes Wort vor mich einlegen, ich will Euch auch einen guten Käß spendiren.

Phantasmo. Was? meynst du Flegel, daß ich zu Hofe nichts zu fressen habe?

Scene IX.

Ophelia *toll.*

Ich laufe und renne und kann doch mein Schätzchen nicht antreffen. Er hat mir Boten geschickt, ich soll zu ihm kommen, wir wollen Hochzeit machen, ich habe mich schon angezogen. Aber da ist mein Liebchen! Siehe bist du da, mein Lämmchen, ich habe dich so gesucht, ja gesucht hab ich dich. Ach gedenke doch, der Schneider hat mir meinen cartunen Rock ganz verdorben. Siehe, da hast du ein schönes Blümchen, mein Herz!

Phantasmo. O der Teufel, wer nur von ihr weg wäre; sie meynt, ich bin ihr Liebster.

Ophelia. Was sagst du, mein Liebchen? Wir wollen mit einander zu Bette gehen, ich will dich ganz reine waschen.

Phantasmo. Ja, ja, ich will dich wieder einseifen und auch auswaschen.

Ophelia. Höre, mein Liebchen, hast du dein neues Kleid schon angezogen? Ey, das ist schön gemacht, recht auf die neue Mode.

Phantasmo. Das weiß ich ohnedem wohl – – –

Ophelia. O potz tausend, was hätte ich bald vergessen! Der König hat mich zu Gaste gebeten, ich muß geschwinde laufen. Siehe da, mein Kütschchen, mein Kütschchen! *(ab.)*

Phantasmo. O Hecate, du Königin der Hexen, wie bin ich so froh, daß dieß tolle Ding weg ist; wäre sie länger geblieben, ich wäre mit toll worden. Ich muß nur gehen, eh' das närrische Ding wiederkommen wird.

Jens. Ach barmherziger Herr Phantasmo! Ich bitte meiner nicht zu vergessen.

Phantasmo. Nun, komm nur mit, Bruder Hundsfott; ich will sehn, daß ich dir bey dem Ober-Einnehmer zurechte helfe.

(gehen ab.)

Scene X.

König. Hamlet. Horatio. Zwey Diener.

König. Wo ist Corambus sein Leichnam geblieben? Ist er noch nicht hinweggebracht?

Horatio. Er liegt noch an den Ort, wo er erstochen ist.

König. Es ist leid uns, daß er so unverhoft um das Leben kommen. Gehet hin und lasset ihn wegtragen; wir wollen ihn adlich zur Erden bestätigen lassen. Ach! Prinz Hamlet, was habt Ihr gethan, daß Ihr den alten Corambus so unschuldig durchstochen! Es ist uns herzlich leid, doch weil es ohngefähr geschehen, ist zwar diese Mordthat in etwas zu entschuldigen; allein ich fürchte, wo es unter den Adel kommt, daß es bey den Unterthanen leicht einen Aufruhr bringen könnte, und könnten also seinen Tod an Euch rächen. Wir aber aus väterlicher Vorsorge haben ein Mittel erfunden, welches dieses Unglück abhalten kann.

HAMLET. Es ist mir leid, Herr Vetter und Vater! Ich habe etwas mit der Königin in geheim reden wollen, dieser Spion aber hat uns belauert, doch hab ich nicht gewußt, daß es dieser alte Narr seyn sollte: was meynen aber Ihro Majestät, wie nun am besten mit mir zu procediren sey?

KÖNIG. Wir haben bey uns beschlossen, Euch nacher England zu schicken, weil diese Krone nahe mit der unsrigen befreundet; als könnt Ihr Euch eine Zeit, weil eine gesundere Luft allda, in etwas refrigiren, und zu Eurer Genesung besser als hier gelangen. Wir wollen Euch etliche von unsern Bedienten mitgeben, die Euch begleiten und treulich aufwarten sollen.

HAMLET. Ja ja, König, schickt mich nur nach Portugall, auf daß ich nimmer wieder komme, das ist das beste.

KÖNIG. Nein, nicht nach Portugall, sondern nach England, und diese beyden sollen mit Euch auf der Reise seyn; wenn Ihr aber in England kommt, sollt Ihr mehr Diener bekommen.

HAMLET. Sind das die Laquaien? Das sind saubere Bursche!

KÖNIG. Höret ihr beyden! *(heimlich zu den beyden Dienern)* Sobald ihr nacher England kommt, so verrichtet, was ich euch befohlen habe. Nehmet einen Degen, oder ein jeder eine Pistole, und bringet ihn ums Leben. Wo aber dieser Anschlag nicht möchte von statten gehn, so nehmet diesen Brief, und bringet ihn nebst den Prinzen an aufgeschriebenen Ort; derselbige wird wohl dahin bedacht seyn, daß er nimmer wieder aus England kommen soll. Aber das rathe ich euch, daß ihr keinem Menschen was offenbaret. Eure Bezahlung sollt ihr haben, sobald ihr zurückkommt.

Hamlet. Nun, Ihro Majestät, welches sind denn die rechten, die mitreisen sollen?

König. Diese zwey. Nun, die Götter wollen Euch begleiten, daß Ihr möget mit gutem Winde an Ort und Stelle kommen.

Hamlet. Nun Adieu, Frau Mutter!

König. Wie, mein Prinz, warum heist Ihr uns Frau Mutter?

Hamlet. Mann und Weib ist ja ein Leib, Vater oder Mutter, es ist mir alles gleich.

König. Nun so fahrt wohl, der Himmel sey mit Euch. *(ab.)*

Hamlet. Nun, ihr noblen Quantchen, sollt ihr meine Gefährten seyn?

Dieners. Ja, Ihro Durchlaucht!

Hamlet. So kommt denn, ihr noblen Gesellen, *(nimmt sie beyde an jede Hand)* laßt uns fahren, laßt uns fahren nach England, nehmt das Bötchen in die Hand, du bist ja ein braver Quant. Laßt uns fahren, laßt uns fahren nach England. *(gehen ab).*

Scene XI.

Phantasmo. Ophelia.

Phantasmo. Wo ich gehe oder stehe, da läuft das elementische Mädchen, die Ophelia, aus allen Winkeln mir nach; ich kann keinen Frieden vor ihr haben, sie sagt allezeit, daß ich ihr Liebster bin, und ist doch nicht wahr. Wenn ich mich nur verstecken könnte, damit sie mich nicht finde. Nun wird der Henker wieder los werden: da kommt sie wieder.

Ophelia. Wo mag mein Liebchen seyn? Der Schelm will nicht bey mir bleiben, eher vor mir weg – Aber siehe, da ist er. Höre, mein Liebchen, ich bin bey dem Priester gewesen, der will uns noch heute zusammen copuliren; ich habe alles zu der Hochzeit fertig gemacht, ich habe Hühner, Haasen, Fleisch, Butter und Käse eingekauft; es mangelt nichts mehr, als daß die Musikanten uns zu Bette spielen.

PHANTASMO. Ich muß nur ja sagen. Komm denn, wir wollen mit einander zu Bette gehn.

OPHELIA. Nein, nein, mein Püppchen, wir müssen erstlich miteinander zur Kirche gehen, hernach wollen wir essen und trinken, und denn wollen wir tanzen – Ach, wie wollen wir uns lustig machen!

PHANTASMO. Ja, es wird lustig hergehn; es werden wohl drey von Einem Teller essen.

OPHELIA. Was sagst du? Wilt du mich nicht haben, so will ich dich auch nicht haben. *(schlägt ihn)* Siehe dort, dort ist mein Liebchen, er winkt mir. Siehe da, welch ein schön Kleid daß er an hat: siehe er will mich zu sich locken, er wirft mit einem Röslein und Lilien auf mich zu; er will mich in seine Arme nehmen, er winkt mir, ich komme, ich komme. *(ab.)*

PHANTASMO. Bey der Nähe ist sie nicht klug, aber weit davon ist sie gar toll. Ich wollte, daß sie aufgehenkt wäre, so könnte mir das Rabenaas so nicht nachlaufen. *(ab.)*

Vierter Act.

Scene I.

Hamlet. Zwey Banditen.

Hamlet. Es ist hier ein lustiger Ort auf dieser Insel, wir wollen etwas hier verbleiben und speisen: da ist ein lustiger Wald, und da ein kühler Wasserstrom; darum holet mir das beste vom Schiff, wir wollen uns hier recht lustig machen.

1. bandit. Gnädiger Herr, hier ist nicht Essenzeit, denn von diesem Eiland werden Sie nimmer kommen; denn hier ist der Ort, der Ihnen zum Kirchhof bestellt ist.

Hamlet. Was sagst du Schelm, du Esclav! Weißt du wohl, wer ich bin? Sollst du wohl mit einem Königlichen Prinzen also scherzen? Doch es sey dir vergeben vor diesesmal.

2. Bandit. Nein, es ist kein Scherz, sondern unser rechter Ernst. Sie präpariren sich nur zum Tode.

Hamlet. Warum das? Was hab ich euch denn Leides gethan? Ich weiß mich ja auf nichts zu besinnen: darum sagt aus, warum kommt ihr auf solche boshafte Gedanken?

1. Bandit. Es ist uns von dem König anbefohlen worden: sobald wir Ihro Durchlaucht auf dieses Eiland bringen, sollen wir ihm das Leben nehmen.

Hamlet. Ihr lieben Freunde, verschonet mein Leben; saget, daß ihrs verrichtet; ich will die Zeit meines Lebens nicht wieder zu dem König kommen; bedenkt es wohl, was ist euch mit einer Handvoll unschuldiges Fürstenblut gedient? Wollt ihr euer Gewissen mit meinen Sünden beflecken? Ach daß ich zu allem Unglück ohne Gewehr bin! Hätte ich nur etwas in meinen Händen. *(greift einem nach dem Degen.)*

2. Bandit. Du, Camerad, nimm dein Gewehr in acht.

1. Bandit. Ich werde mich wohl in acht nehmen. Nun, Prinz, macht Euch fertig; wir haben nicht lange Zeit.

Hamlet. Weil es denn nicht anders seyn kann und ich vor euch sterben muß, aus Antrieb des tyrannischen Königs, so will ichs gern erdulden, ob ich gleich unschuldig, und ihr aus Armuth hierzu erkauft, will ichs euch gerne verzeihen, das Blut aber wird der Bruder- und Vatermörder verantworten müssen an jenem grossen Gerichtstage.

1. Bandit. Ey was fragen wir nach jenem Tage; wir müssen verrichten, was uns heute befohlen.

2. Bandit. Es ist auch wahr, Bruder! Nur frisch darauf, es muß doch seyn. Gieb Feuer, ich auf der einen, und du auf der andern Seite.

Hamlet. Höret mich noch ein Wort: weil auch dem allerärgsten Übelthäter solches nicht abgeschlagen wird, sondern wird ihm Zeit zur Buße gelassen, also bitte ich, als ein unschuldiger Prinz, ihr wollet mich erstlich zu meinem Schöpfer ein andächtiges Gebet verrichten lassen, hernach will ich gerne sterben; ich will euch aber ein Zeichen geben: ich werde meine Hände nach dem Himmel wenden, sobald ich meine Arme ausstrecke, so gebt Feuer, setzt mir beyde Pistolen in die Seite, und wenn ich werde sagen: schießt! so gebt mir so viel, als ich bedarf, und treft mich gewiß, damit ich nicht lange gemartert werde.

2. Bandit. Nun dieses können wir ihm auch wohl noch zu Gefallen thun, darum macht nur fort!

Hamlet. *(schlägt die Hände voneinander.)* Schießt zu! *(indem fällt er zwischen den beyden vorwärts nieder, die Diener aber erschießen sich selbsten.)* Ach gerechter Himmel, dir sey Dank gesagt vor dein englisches Eingeben, denn diesen Schutzengel werde ich ewig preisen, welcher mir durch meine Gedanken das Leben erhalten hat. Diese Schelme aber, wie gearbeitet, so ist auch ihr Lohn. Die Hunde rühren sich noch, sie haben sich selber harquebusirt, ich aber will zu meiner Revange ihnen den Todesstich vollends geben, es sollte ein Schelm sonsten davon kommen. *(er ersticht sie mit ihren eignen Degen.)* Ich muß sie besuchen, ob sie auch etwa Steckbriefe bey sich haben. Dieser hat nichts; hier finde ich einen Brief bey diesem Mörder, ich will ihn lesen. Dieser Brief ist an einen Erzmörder in England geschrieben, wenn etwa dieser Anschlag möchte mißlingen, sollten sie mich nur dem überantworten, der würde mir schon das Lebenslicht ausblasen. Allein die Götter stehn doch dem Gerechten bey: Nun will ich mich meinem Vater zum Schrecken wiederum zurückbegeben. Aber zu Wasser trau ich nicht mehr, wer weiß, ob der Schifscapitain nicht auch ein Schelm ist. Ich will den ersten Platz suchen, und die Post nehmen; den Schiffer will ich nach Dännemark wieder zurück commandiren, diese Schelme aber will ich ins Wasser werfen. *(ab.)*

Scene II.

König *mit Staat.*

König. Uns verlanget zu erfahren, wie es mit unserm Sohn, Prinz Hamlet, muß abgelaufen seyn, und ob diejenigen, welche wir als Reisegefährten ihm mitgegeben, auch treulich werden verrichtet haben, was wir befohlen.

Scene III.

Phantasmo.

Phantasmo. Neue Zeitung, Monsieur König! Hauptneue Zeitung!

König. Was ist es, Phantasmo?

Phantasmo. Leonhardus aus Frankreich ist wieder zu Hause kommen.

König. Das ist uns lieb, laßt ihn vor uns kommen.

Scene IV.

Leonhardus.

Leonhardus. Gnädiger Herr und König, ich begehre von Ihro Majestät meinen Vater, oder die Rache der Gerechtigkeit, weil er so jämmerlich ermordet. Wo dieses nicht geschieht, werde ich vergessen, daß Ihr König seyd, und mich an den Thäter rächen.

König. Leonhardus, gieb dich zufrieden, wir sind unschuldig an deines Vaters Tod. Prinz Hamlet hat ihn unversehenerweise hinter den Tapeten erstochen, wir aber wollen dahin bedacht seyn, daß er wieder gestraft werde.

Leonhardus. Weil denn Ihro Majestät unschuldig sein an den Tod meines Vaters, als bitte ich auf gefällten Knieen, mir solches zu verzeihen. Der Zorn hatte mich, wie auch die kindliche Liebe übernommen, daß ich fast selber nicht gewußt, was ich gethan.

König. Es sey dir vergeben, denn wir können wohl gedenken, daß es dir sehr zu Herzen gangen sey, daß du deinen Vater so erbärmlich hast verlieren müssen. Doch gieb dich zufrieden, du solt einen Vater wieder an uns haben.

Leonhardus. Ich bedanke mich vor diese hohe Königliche Gnade.

Scene V.

Phantasmo.

Phantasmo. Herr Vetter König, noch mehr neue Zeitung!

König. Was bringst du wieder vor neue Zeitung?

Phantasmo. Prinz Hamlet ist wieder kommen.

König. Der Teufel ist wieder kommen, und nicht Prinz Hamlet.

Phantasmo. Prinz Hamlet ist wieder kommen, und nicht der Teufel.

König. Leonhardus, höre hier, nun kannst du deines Vaters Tod rächen, weil der Prinz wieder zu Hause kommen; allein du must uns eidlich versprechen, daß du solches keinem Menschen offenbaren wilt.

Leonhardus. Ihro Majestät zweifeln an mir nicht; was Sie mir offenbaren, soll verschwiegen seyn, als ob Sie zu einem Stein gesprochen hätten.

König. Wir wollen zwischen dir und ihm einen Wettstreit anstellen, nemlich also: ihr sollt mit Rapieren fechten, und der von euch beyden die ersten drey Stöße bekommt, soll ein weiß neapolitanisch Pferd gewonnen haben. Aber mitten in diesem Gefechte sollt ihr euer Rapier fallen lassen, und anstatt desselben sollt ihr einen scharf gespitzten Degen bey der Hand haben, welcher dem Rapier ganz ähnlich gemacht muß seyn, die Spitze desselben aber must du mit starken Gift bestreichen; sobald du nun seinen Leib damit verwunden wirst, wird er alsdenn gewiß sterben müssen, du aber sollst doch den Preiß und hierbey des Königs Gnade gewinnen.

Leonhardus. Ihro Majestät wollen mir verzeihen; ich darf mich dieses nicht unterstehen, dieweil der Prinz ein geübter Fechtmeister ist, und könnte mir dieses wohl selbst wiederfahren.

König. Leonhardus, weigere dich hierinnen nicht, sondern thue deinem Könige solches zu gefallen, um deines Vaters Tod zu rächen, must du dieses thun. Denn wisset, daß der Prinz als ein Todschläger eures Vaters solchen Tod verdienet. Allein wir können keine Gerechtigkeit an ihn haben, weil ihm seine Frau Mutter den Rücken hält, und ihn die Unterthanen sehr lieben: dürfte also, wenn wir öffentlich uns an ihm rächen wollten, ein Aufruhr leicht geschehen; daß wir aber ihn als unsern Stiefsohn und Vetter meiden, geschieht um der heiligen Gerechtigkeit willen, denn er ist mordgierig und unsinnig, und müssen uns künftig selbsten vor einem solchen bösen Menschen fürchten. Thut solches, was wir von euch verlangen, so werdet ihr den König seiner Furcht benehmen, und euch verblümterweise an euren Vatermörder rächen.

LEONHARDUS. Es ist eine schwere Sache, welcher ich mich fast nicht unterstehe. Denn sollte dieses auskommen, würde es gewiß mein Leben kosten.

KÖNIG. Zweifelt nicht; im Fall es ja euch mißlingen sollte, so haben wir schon eine andere List erdacht. Wir wollen einen orientalischen Diamant klein stoßen lassen, und ihm denselben, wenn er erhitzt, in einen Becher voll Wein mit Zucker süß vermischt beybringen: so soll er auf unsere Gesundheit doch den Tod saufen.

LEONHARDUS. Wohl denn, Ihro Majestät, unter dessen Schutz will ichs verrichten.

SCENE VI.

KÖNIGIN.

KÖNIGIN. Gnädiger Herr und König, liebstes Ehegemahl, ich bringe Euch eine schlechte Zeitung!

KÖNIG. Was ist es, liebste Seele?

KÖNIGIN. Meine liebste Staatsjungfer, die Ophelia, läuft hin und wieder, ruft und schreyt, sie isset und trinket nichts; man meynet, daß sie gänzlich von ihrem Verstande ist.

KÖNIG. Ach, höret man doch nichts als lauter traurige und unglückliche Zeitungen!

SCENE VII.

OPHELIA *mit Blumen.*

OPHELIA. Siehe da hast du ein Blümchen, du auch, du auch *(giebt jedem eine Blume)* Aber potz tausend, was hätte ich schier vergessen: ich muß geschwinde laufen, ich habe meinen Schmuck vergessen. Ach, meine Fronte; ich muß geschwinde nach dem Hofschmidt gehn, und fragen, was er vor neue Moden bekommen. Sa, sa, decket geschwinde den Tisch, ich werde bald wieder hier seyn. *(läuft weg.)*

LEONHARDUS. Bin ich denn zu allem Unglück geboren! Mein Vater ist todt, und meine Schwester ist ihres Verstandes beraubt! Mein Herz will mir vor großer Traurigkeit fast zerbersten.

KÖNIG. Leonhardus, stelle dich zufrieden, du sollst alleine bey uns in Gnaden leben. Sie aber, liebste Gemahlin, wolle belieben, mit uns hineinzuspatzieren, denn wir haben ihr noch etwas in Geheim zu offenbaren. Leonhardus, vergesset nicht, was wir euch gesagt.

LEONHARDUS. Ich werde emsig seyn, solches zu verrichten.

KÖNIGIN. Mein König, wir müssen Rath schaffen, daß diese unglückseelige Jungfer möge wieder zu ihrem Verstande verholfen werden.

KÖNIG. Man lasse die Sache an unsere Leibmedici gelangen. Ihr aber folget uns, Leonhardus *(ab.)*

Fünfter Act.

Scene I.

Hamlet.

Unglückseeliger Prinz, wie lange sollt du noch ohne Ruhe leben! Wie lange verhängst du, gerechte Nemesis, daß dein gerechtes Rachschwerdt auf meinem Vetter, den Brudermörder wetzest! Ich bin nun wieder anhero gelanget, kann aber noch zu keiner Revange kommen, weil der Brudermörder allezeit mit viel Volk umgeben. Aber ich schwöre, ehe die Sonne ihre Reise von Osten in's Westen gethan, will ich mich an ihm rächen.

Scene II.

Horatio.

Horatio. Ihro Durchlaucht, ich bin von Herzen erfreuet, daß ich Sie mit guter Gesundheit wieder allhier sehe. Ich bitte aber, Sie wollen mir doch offenbaren, warum Sie sobald wieder zurückgekommen.

Hamlet. Ach, Horatio, du hättest mich bald nicht mehr lebendig gesehen, dieweil mein Leben bereits auf dem Spiel gestanden, wo mich die göttliche Allmacht nicht sonderlich hätte bewahret.

Horatio. Wie, was sagen Ihro Durchlaucht? Wie ist es zugegangen?

Hamlet. Du weist, daß mir der König zwey Reisegefährten als Diener, mich zu begleiten, mitgegeben hatte. Nun begab es sich, daß wir eines Tages contrairen Wind hatten, und an ein Eyland, nicht ferne von Dovern anker setzten. Ich stieg mit meinen zwey Dienern aus dem Schiff, etwas frische Luft zu schöpfen. Da kamen diese verfluchten Schelme, und wollten mir das Leben nehmen, und sagten, der König hätte sie dazu erkauft. Ich bat um mein Leben, ich wollte ihnen eben soviel geben, und sollten den König doch unterdessen meinen Tod berichten, ich wollte auch nimmermehr zu Hofe kommen, es war aber kein Erbarmen bey ihnen. Endlich gaben mir die Götter etwas im Sinn: hierauf bat ich sie, daß vor meinem Ende ich noch ein Gebet thun möchte, und wenn ich rufen würde: schießt zu! so sollten sie auf mich Feuer geben: indem aber daß ich rief, fiel ich zur Erden nieder, sie aber erschossen sich selbsten einander; bin also diesesmal noch so mit dem Leben darvon kommen. Meine Ankunft aber wird dem Könige nicht angenehm seyn.

HORATIO. O unerhörte Verrätherey!

SCENE III.

PHANTASMO.

HAMLET. Siehe, Horatio, dieser Narr ist dem Könige viel lieber, als meine Person. Wir wollen hören, was er vorbringt.

PHANTASMO. Willkommen zu Hause, Prinz Hamlet! Wisset Ihr was Neues? der König hat eine Wette auf Euch und auf dem jungen Leonhardo geschlagen. Ihr sollt zusammen in Rapieren fechten, und wer dem andern die ersten zwey Stöße anbringen wird, der soll ein weiß neapolitanisch Pferd gewonnen haben.

HAMLET. Ist dieses gewiß, was du sagest?

PHANTASMO. Ja es ist nicht anders.

HAMLET. Horatio, was mag dieses bedeuten? ich und Leonhardus sollen miteinander fechten. Ich glaube, sie werden diesen Narren etwas weiß gemacht haben, denn man kann ihm einbilden, was man will. Sehet nur, Signora Phantasmo, es ist greulich kalt.

PHANTASMO. Ja ja, es ist greulich kalt – *(zittert mit dem Munde.)*

HAMLET. Nun ist es schon nicht so kalt mehr.

PHANTASMO. Ja ja, es ist so recht ins Mittel.

HAMLET. Aber nun ist eine große Hitze *(wischt das Gesicht.)*

PHANTASMO. O welch eine greuliche Hitze! *(wischt auch den Schweiß.)*

HAMLET. Nun ists nicht recht kalt, auch nicht recht warm.

PHANTASMO. Ja es ist nun eben recht temperirt.

HAMLET. Da siehest du, Horatio, daß man ihm weiß machen kann, was man will. Phantasmo, gehe wieder hin zum Könige, und sage ihm, daß ich ihm bald aufwarten werde – *(Phantasmo ab.)* Nun kommt, Horatio, ich will gleichwohl gehn, und mich dem König präsentiren. Aber ach! was bedeutet dieses? mir fallen Blutstropfen aus der Nase; mir schüttert der ganze Leib! O wehe, wie geschieht mir! *(fällt in Ohnmacht.)*

HORATIO. Durchlauchtigster Prinz, o Himmel, was bedeutet dieses! Ihro Durchlaucht kommen doch wieder zu sich selbst! Durchlauchtigster Prinz, wie ists, was wiederfährt Ihnen!

HAMLET. Ich weiß nicht, Horatio. Indem ich gedachte, nach Hofe zu gehn, überfiel mich eine schleunige Ohnmacht; was dieses bedeuten wird, ist den Göttern bekannt.

HORATIO. Ach, der Himmel gebe doch, daß dieses Omen nicht etwas Böses bedeuten möge.

HAMLET. So sey es wie es will, ich will dennoch zu Hofe gehn, und sollte es auch mein Leben kosten *(ab.)*

SCENE IV.

KÖNIG. LEONHARDUS. PHANTASMO.

KÖNIG. Leonhardus, mache dich fertig, denn Prinz Hamlet wird auch bald hier seyn.

LEONHARDUS. Ihro Majestät, ich bin schon fertig, und werde schon mein Bestes thun.

KÖNIG. Sehet wohl zu; hier kommt der Prinz schon – – –

Scene V.

Hamlet. Horatio.

Hamlet. Alles Glück und Heil warte auf Ihro Majestät!

König. Wir danken Euch, Prinz! Wir sind höchsterfreut, daß Euch die Melancholie in etwas verlassen, derowegen haben wir heut einen Luststreit angestellt zwischen Euch und dem jungen Leonhardo: Ihr sollt mit ihm in Rapieren fechten, und welcher von Euch beyden die ersten drey Stöße bekommen wird, der soll ein weiß neapolitanisch Pferd mit Sattelzeug und allem Zubehör gewonnen haben.

Hamlet. Ihro Majestät wollen mir verzeihen, denn ich in den Rappier wenig geübt bin. Leonhardus aber kommt kürzlich aus Frankreich, allda er sich ohne Zweifel wird gut exercirt haben, darum wollen Sie mich entschuldiget halten.

König. Prinz Hamlet thut uns dieses zu gefallen, denn wir sind begierig zu erfahren, was die Teutschen und die Franzosen vor Finten haben.

Scene VI.

Königin.

Königin. Gnädiger Herr und König, ich werde Ihnen ein großes Unglück erzählen!

König. Der Himmel bewahre uns davor! Was ist es denn?

Königin. Die Ophelia ist auf einen hohen Berg gestiegen, und hat sich selber heruntergestürzt und um das Leben gebracht.

Leonhardus. Ach unglückseeliger Leonhardus! du hast in kurzer Zeit einen Vater und Schwester verlohren! Wohin will doch das Unglück dich leiten! Ich wünsche mir selbsten vor Betrübniß den Tod.

König. Stellet euch zufrieden, Leonhardus! wir sind euch gnädig, fanget nur das Gefechte an. Phantasmo bringe die Rappiere; Ihr aber, Horatio, sollet urtheilen.

PHANTASMO. Da sind die warmen Biere.

HAMLET. Wohlan denn, Leonhardus, so kommet denn an, wir wollen zusehn, wer dem andern die Schellen wird anhängen. Wo ich aber einen Exces begehen möchte, bitte ich zu excusiren, denn ich lange nicht gefochten.

LEONHARDUS. Ich bin Ihro Durchlaucht Diener, Sie scherzen nur.

(In dem ersten Gang fechten sie reine. Leonhardus bekommt einen Stoß.)

HAMLET. Nun das war eins, Leonhardus!

LEONHARDUS. Es ist wahr, Ihro Durchlaucht! Allo Revange!

(Dieser läßt das Rappier fallen, und ergreift den vergifteten Degen, welcher parat lieget, und stößt dem Prinzen die Quarte in den Arm. Hamlet pariret auf Leonhardo, daß sie beyde die Gewehre fallen lassen. Sie laufen ein jeder nach dem Rappier. Hamlet bekommt den vergifteten Degen, und sticht Leonhardus todt.)

LEONHARDUS. O wehe, ich habe einen tödtlichen Stoß! ich bekomme den Lohn, mit welchem ich dachte einen andern zu bezahlen. Der Himmel sey mir gnädig.

HAMLET. Was zum Teufel ist dieses! Leonhardus, hab ich euch mit dem Rappier erstochen? Wie geht dieses zu?

KÖNIG. Gehet geschwinde, und gebt meinen Mundbecher mit Wein her, damit die Fechter sich ein wenig erquicken. Gehe, Phantasmo, und hole ihn. *(tritt vom Thron. Für sich.)* Ich hoffe, wenn sie beyde von dem Wein trinken werden, daß sie alsdenn sterben, und diese Finte nicht offenbar werde.

HAMLET. Sagt mir, Leonhardus, wie ist dieses zugegangen?

LEONHARDUS. Ach, Prinz, ich bin von dem König zu diesem Unglück verführet worden! Sehet, was Ihr in Eurer Hand habt! es ist ein vergifteter Degen.

HAMLET. O Himmel, was ist dieses! Bewahre mich doch davor!

LEONHARDUS. Ich sollte Euch damit verletzen, denn er ist so stark vergiftet, daß, wer nur die geringste Wunde damit bekömmt, augenscheinlich sterben muß.

König. Holla, Ihr Herren, erhohlet Euch ein wenig und trinket. *(Indem der König vom Stuhl aufstehet, und diese Worte redet, so nimmt die Königin dem Phantasmo den Becher aus der Hand und trinket, der König ruft:)* Holla! wo bleibt der Becher? Ach, wertheste Gemahlin, was thut sie? Dieses, was hier eingeschenket, ist mit dem stärksten Gift vermenget. Ach wehe, was habt Ihr gethan!

Königin. O wehe, ich sterbe.

(Der König stehet vor der Königin.)

Hamlet. Und Du, Tyranne, sollst sie in dem Tode begleiten.

(Hamlet ersticht ihm von hinten zu.)

König. O wehe, ich empfange meinen bösen Lohn!

Leonhardus. Adieu, Prinz Hamlet! Adieu, Welt! ich sterbe auch. Ach, verzeihet mir, Prinz!

Hamlet. Der Himmel geleite deine Seele, weil du unschuldig. Diesen Tyrannen aber wünsche ich, daß er seine schwarze Sünden in der Höllen abwaschen möge. Ach, Horatio, nun ist meine Seele ruhig, nun ich mich an meinen Feinden gerochen habe. Ich habe zwar auch einen Stoß in den Arm, aber ich hoffe, es werde nichts zu bedeuten haben. Es ist mir leid, daß ich Leonhardum erstochen habe, ich weiß aber nicht, wie ich den verzweifelten Degen in meine Hand bekommen; doch wie die Arbeit, so ist auch der Lohn, er hat seine Bezahlung bekommen. Nichts jammert mir mehr, als meine Frau Mutter. Doch sie hat diesen Tod wegen ihrer Sünden halben auch verdienet. Aber sagt mir, wer hat ihr den Becher gegeben, daß sie Gift bekommen?

Phantasmo. Ich, Herr Prinz! ich habe auch den vergifteten Degen gebracht, aber den vergifteten Wein habt Ihr allein sollen austrinken.

Hamlet. Bist du auch ein Werkzeug dieses Unglücks gewesen? Siehe, da hast du auch deine Belohnung! *(sticht ihm todt.)*

Phantasmo. Stecht, daß euch die Klinge verlahme!

Hamlet. Ach! Horatio, ich fürchte, es wird nach meiner verübten Rache auch mein Leben kosten, denn ich bin am Arme sehr verwundet. Ich werde ganz matt, meine Glieder werden schwach, und meine Beine wollen nicht mehr stehn; meine Sprache vergeht mir, ich fühle den Gift in allen meinen Gliedern. Doch bitte ich euch, lieber Horatio, und bringet die Krone nach Norwegen an meinen Vetter, den Herzog Fortempras, damit das Königreich nicht in andre Hände falle. Ach, o weh, ich sterbe!

Horatio. Ach, Durchlauchtigster Prinz, erwartet doch Hülfe, O Himmel, er bleibt mir unter den Händen! Ach, was hat doch dieses Königreich eine zeither vor schwere Kriege geführet! Kaum hatte es Friede, so ist es aufs neue mit innerlicher Unruhe, Regier- Streit- und Mordsucht angefüllet worden. Dieser traurige Unglücksfall mag wohl in keinem Seculo der Welt jemals geschehn seyn, wie man leider jetzt an diesem Hofe erlebet hat. Ich will alle Anstalt mit Hülfe der treuen Räthe machen, daß diese hohe Personen nach ihrem Stande beerdiget werden, alsdenn mich cito mit der Krone nach Norwegen verfügen, und dieselbe übergeben, wie mir dieser unglückseelige Prinz befohlen hat.

Vers.

So gehts, wenn ein Regent mit List zur Kron sich dringet,
Und durch Verrätherey dieselbe an sich bringet,
Derselb erlebet nichts, als lauter Spott und Hohn,
Denn wie die Arbeit ist, so folget auch der Lohn.

Erläuterungen

Prolog

Alecto, Mägera, Thisiphone: Die drei Furien der antiken Mythologie.

kurzens: in Kürze

Hecate: Griechische Göttin der Zauberei und des Mondes.

Personen

Erico: Bei Shakespeare heißt der König in den Regieanweisungen »Claudius«

Sigrie: In der Folio-Ausgabe des »Hamlet« ist ihr Name »Gertrude«

Corambus: In Quarto 1 »Corambis«, in Quarto 2 und Folio »Polonius«

Leonhardus: »Leartes« in Quarto 1 und »Laertes« in Quarto 2 und Folio

Phantasmo: Entspricht teilweise der Figur des »Osric«

Jens, ein Bauer: Eine zusätzliche Figur, weder in den Quarto-Ausgaben noch der Folio

Carl: Der Schauspieler im »Hamlet« ist ohne Namen, vgl. das Nachwort.

Zwey redende Banditen: Sie erscheinen im Text auch als »Diener«, ihre Rolle entspricht derjenigen von Rosencrantz und Guildenstern im »Hamlet«

I.1

Cartause: Kragen, herabhängende Kapuze.

Sonntagskind: Erne/Seidler verweisen auf Gryphius' »Papinianus« V.2

I.2

Saint Velten: Eine englische Vorlage bleibt erkennbar, »Velten« für »Valentin«.

I.3

kostet es deinen besten Hals: Formel aus der Rechtssprache (»man soll ihn an seinen besten Hals hängen«, Creizenach)
verziehet: wartet

I.4

Rundeel: Die runde Plattform auf der »Bastey« (I.1)
Vater und Vetter: Dieselbe Wendung in II.7 und III.10. Möglicherweise aus der Anrede des Königs in der Staatsratszene in »Hamlet« rekonstruiert, »my cousin Hamlet, and my son« (I.2, 64).
Adhoerenten: Anhänger, der Hofstaat des Königs

I.5

Ebeno: In den Quarto-Ausgaben des »Hamlet« »hebona«, in der Folio »hebenon«, wird meist mit »Bilsenkraut« übersetzt

I.6

alterirt: im Sinne von »beunruhigt«
aufsetzen: wagen
Mein Vater: Creizenach schlägt als Korrektur hier »Mein Vetter« vor, siehe zu I.4.

I.7

Ober-Consens: Ein Anklang an die gekünstelte Sprache des Polonius im »Hamlet«, z.B. in II.2.95ff.

Carisell: Im »Theaterkalender«, S. 52, stand dafür »Carousel«, vermutlich ein Reiterspiel, Turnier, mit Ringelstechen

II.3

Märzhaasen: Hasen vom ersten Wurf, sprichwörtlich verwendet für »Verrücktheit«.

Anion: Im »Theaterkalender«, S. 52, steht dafür das zutreffendere »Anjou«. Die Anekdote hält Creizenach, S. 138, für weit verbreitet, Erne/Seidler, S. 149, verweisen auf eine mögliche Vorlage bei Lope de Vega (nach Brennecke, S. 293).

II.6

Marus Russig: Im »Theaterkalender«, S. 53, steht die richtigere Version »Marius Roscius«

II.7

Plomaschen: vermutlich nach dem französischen Wort »plumage«: Gefieder

Quatrober: Gardarobier

II.8

contentiren: zufriedenstellen

von den Teutschen eine Komödie: Hier, wie an anderen Stellen (wenn von Straßburg oder dem sächsischen Hof die Rede ist), wird erkennbar, dass »Der bestrafte Brudermord« die Handlung trotz des Untertitels (Prinz von Dänemark) stark mit einem deutschen Hintergrund ausstattet.

III.5

Hamlets Vergleich der beiden Gemälde wird im »Theaterkalender«, S. 56, noch deutlicher: »Er erinnert sie an ihrem vorigen

Gemahl, und verlangt sie solle sein Bildniß, daß auf der Gallerie hänge, mit dem Conterfey des jetzigen, in diesem Zimmer vergleichen, und gestehn, ob ihr erster Gemahl, nicht ein majestätischer Herr sey«.

III.8

einen guten Käse: Im »Theaterkalender«, S. 57, hatte es »einen alten Käse« geheißen.

III.10

bestätigen: bestatten
refrigiren: sich erholen
Quant: niederdeutsch für »Schelm«

IV.1

Hamlet scheint hier zu glauben, per Post von der Insel (bei Dover, vgl. V.2) nach Dänemark kommen zu können. Möglicherweise war auch hier von Deutschland aus gedacht worden.

IV.7

Fronte: Teil einer Perücke oder Haarkrause, die die Stirne bedeckt (Creizenach).

V.5

die Teutschen und die Franzosen: Eine weitere Nachlässigkeit, denn hier stehen ein Däne und ein aus Frankreich Zurückgekehrter einander gegenüber, kein Deutscher.

V.6

cito: schnell

Nachwort

Seitdem Shakespeare seinem berühmtesten Helden eine Nähe zu Deutschland beschieden hat, indem er ihn in Wittenberg studieren ließ, ist die besondere Verbundenheit der deutschen Kultur zu dem britisch-dänischen Prinzen nicht abgerissen. Goethes imaginäre »Hamlet«-Aufführung im Zentrum seines »Wilhelm Meister«-Romans und die politische Formel »Deutschland ist Hamlet«, als Ausdruck der Zögerlichkeit, sind neben den zahlreichen Ophelia-Gedichten der Expressionisten einige der bekannteren Stationen. Heiner Müllers »Hamletmaschine« ist nur eine von vielen Versionen einer Fortschreibung. Und nach wie vor ist das Stück eine sichere Bank für die Spielpläne weltweit.

Entsprechende Aufmerksamkeit bekommt natürlich die Frage, welcher »Hamlet« als verbindlich gelten soll, denn bekanntlich sind von Shakespeare keine handschriftlichen Manuskripte erhalten. Die zuletzt in ihrer 400jährigen Würde gefeierte »First Folio«-Ausgabe, die für viele Stücke die einzige Basis liefert, erschien immerhin sieben Jahre nach dem Tod des Autors. Im Fall des »Hamlet« konkurrieren mit der Folio zwei sogenannte Quarto-Ausgaben, eine kürzere und weniger zuverlässige aus dem Jahr 1603, und eine deutlich längere aus dem Jahr danach. Die feinen Unterschiede zwischen allen drei Überlieferungsträgern sind über die Jahrzehnte zentimeterweise geröntgt und vermessen worden.

Dass aber auch in deutscher Sprache eine Version vorliegt, die, bei allem Abstand, einen gewissen Beitrag zur Diskussion dieser Fragen, mitunter sogar Antworten, liefern kann, ist diesseits und jenseits des Kanals recht unterschiedlich behandelt worden. »Der bestrafte Brudermord« ist eine vielfach vermittelte »Hamlet«-Fassung der Wanderbühnen. Damit unterliegt sie eigenen ästhetischen Gesetzmäßigkeiten, die vom Elisabethanischen Theater um 1600 vielfach abweichen. Es geht weniger um Psychologie oder

Dekonstruktionen der Macht, sondern um ein Theater der Affekte, bei dem oftmals die Figur des Narren eine größere Rolle spielt. Von der Komplexität des Shakespeareschen Stückes bleibt somit eher ein Skelett der Handlung, dieses aber in vielen Zügen durchaus vergleichbar der Vorlage, wobei der veränderte Titel die moralische Ausrichtung ankündigt. Statt der im »Hamlet« durch Reflexionen kunstvoll wie psychologisch komplex verzögerten Rache (Tobias Döring) steht im »Bestraften Brudermord« das sehr viel schlichtere Schema von Verbrechen und Strafe, Tat und Lohn im Mittelpunkt. Dieser Zusammenhang wird nicht zuletzt durch den in vieler Hinsicht didaktisch ausgerichteten Prolog unterstrichen. Auch an anderen Stellen zeigt sich eine solche Tendenz der Vereindeutigung, wenn manche Einzelheiten der Handlung, wie die Vergiftung von Hamlets Vater durch »Ebeno« (Bilsenkraut) oder der Einsatz bei der tödlichen Wette am Ende, das weiße neapolitanische Pferd, jeweils dreimal thematisiert werden.

Gedruckt wurde das Stück 1781 in der Zeitschrift »Olla Potrida«, die Heinrich August Ottokar Reichard (1751–1828) in den Jahren 1778 bis 1800 herausgegeben hat. Schon im »Theaterkalender auf das Jahr 1779« hatte er darüber berichtet und vom »Ersten deutschen Hamlet« gesprochen. »Einige Freunde,« schreibt Reichard in einer Fußnote zum Erstdruck, »haben gewünscht, daß der alte Hamlet, aus Eckhof's Nachlaß, von dem ich in einem der Theaterkalender einen Auszug gegeben habe, ganz abgedruckt werden möchte; ich willfahre ihnen hier«.

Verwickelt, aber nicht uninteressant, weil weit in den Brunnen der Vergangenheit hinabführend, ist die Überlieferungsgeschichte, bei der man auch auf Vermutungen angewiesen bleibt: Textgrundlage für den Druck war ein – nicht mehr erhaltenes – Manuskript aus dem Nachlass des berühmten Schauspielers Konrad Ekhof (1720–1778), der mit Reichard am Hoftheater Gotha gewirkt hatte. Eine seiner letzten Produktionen war die Adaption des »Hamlet« durch Friedrich Ludwig Schröder, in der Ekhof die Rolle des Geistes übernommen hat. Dass Ekhof in den Besitz des »Brudermord«-Manuskriptes gekommen ist, verdankte er vermutlich einer Reihe glücklicher, rekonstruierbarer und durchaus noch heute wichtiger Umstände, zunächst aber schlicht seiner Schwiegermutter Elisabeth Spiegelberg-Denner (1681–1757). Ihr schon 1732 verstorbener Mann war eine Zeit lang Teil der Theatertruppe des Johannes Velten, seinerseits Schwiegersohn von Carl Andreas Paulsen (1620–1687), – und dieser spielt im »Brudermord« eine erhebliche Rolle. Nicht nur, dass er mit seiner Truppe in Kopenhagen schon aufgetreten war, sozusagen dem fiktiven Stammland des Prinzen. Paulsen ist überdies das offensichtliche Vorbild der Schauspielerfigur, die im »Brudermord« in der auffallend langen Schauspielerszene als »Prinzipal Carl« auftritt (wie Erne/Seidler 2022, S. 28, zeigen). Paulsens Truppe nannte sich die »Hochteutschen Comödianten«, und der Prinzipal Carl sagt von sich »wir sind fremde hochteutsche Comödianten«. Die Schauspielerszene im »Hamlet« wird somit auf die Entstehungszeit des »Brudermord«-Stückes umgestellt: Es geht um einen Auftritt der Truppe in Wittenberg (wo Paulsen 1665 gewesen war), um Schauspielerinnen (was damals noch eher selten war) sowie Studenten als Mitwirkende. Vermutlich in den 1660er Jahren also dürfte der »Brudermord« nach einer älteren Vorlage für die Bühne eingerichtet worden sein. Es handelt sich im wörtlichen Sinn um einen »ersten deutschen Hamlet«, der zwar vom »Prinzen von Dänemark« handelt, ihn aber in eine deutsch geprägte Umgebung einbaut.

Nun sollte man meinen, dass ein solches Unikat – bei allem mitunter deprimierenden Abstand gegenüber dem englischen »Hamlet« – zumindest in Deutschland gehörige Aufmerksamkeit gefunden hätte, – weit gefehlt! Seit Reichards Zeitschriftendruck vergingen nochmals hundert Jahre, bis Wilhelm Creizenach 1889 in seinem verdienstvollen Band »Die Schauspiele der Englischen Komödianten« einen Wiederabdruck bot. Seither sind immerhin

135 Jahre vergangen, in denen es nur 1967 einen Nachdruck des Bandes von Creizenach gab. Das ist aus mehreren Gründen erstaunlich: Denn »Der bestrafte Brudermord« bietet zumindest aufgrund seines Alters eine Brücke in die Vergangenheit, die mehr oder weniger an die Tradition der Englischen Komödianten anknüpft, die schon zu Lebzeiten Shakespeares auf dem Kontinent Theater spielten. Nicht genau zu klären ist, in welchem Verhältnis die erste bezeugte deutschsprachige »Hamlet«-Aufführung – sie fand im Sommer 1626 in Dresden statt – zum englischen Original bzw. zur späteren Wanderbühnen-Fassung des »Brudermords« stand. Gespielt wurde sie wohl von der Truppe englischer Komödianten um John Green, der schon zu Lebzeiten Shakespeares zwischen Straßburg und Prag Stücke aufgeführt hat. Im Sommer 1626 standen neben »Hamlet« auch »Julius Caesar« und »King Lear« auf dem Dresdner Programm.

Deshalb lohnt es sich, das Alter des Dokumentes genauer zu prüfen. Das Manuskript aus dem Nachlass Ekhofs war datiert »Pretz den 27. October 1710«. Dass es sich dabei um das Kloster Preetz bei Kiel gehandelt haben dürfte, bestätigt ein (bei Erne/Seidler, S. 25f. wiedergegebener) Brief der dortigen Nonne Dorothea Baronesse von Schestedt an den König von Dänemark, in dem sie sich beschwert, dass seit fünf Wochen eine Theatertruppe Schauspiele vorführt, sogar an Sonntagen. Und nicht nur die Priorin, der Klostervorsteher und andere Nonnen gingen in die Aufführungen, sondern diese würden sich sogar in die Adventszeit erstrecken: Vom Beginn der Adventszeit des Jahres 1710, dem 30. November, fünf Wochen zurückgerechnet, kommt man auf den 26. Oktober. Und vom 27. Oktober stammt das »Brudermord«-Manuskript. Dabei hat Reichard schon in seinem Bericht vermutet, dass ein dem Manuskript von 1710 zugrundeliegendes Original »noch ein dutzend Jahre« älter gewesen sein mag, zusammen mit »vielen andern Manuskripten des entfernsten (!) Zeitalters« aus Ekhofs Besitz. Auch sprachliche und stilistische Beobachtungen, wie etwa der noch unsichere Wechsel in den Anredeformen »du«, »Ihr«, »Sie«, haben die Einschätzung bestätigt, dass »Der bestrafte Brudermord« vermutlich in der zweiten Hälfte des 17. Jahrhunderts im norddeutschen Raum niedergeschrieben worden sein dürfte. Und Reichard hat das Manuskript wohl sprachlich bearbeitet sowie auch kleine Veränderungen vorgenommen, wie ein Vergleich der Ausschnitte im »Theaterkalender« und dem Zeitschriftendruck wenige Jahre später zeigt.

Neben der Überlieferungsgeschichte und dem Alter interessiert freilich vor allem die Nähe und Distanz zwischen der Wanderbühnen-Fassung und den englischen »Originalen«. Denn die Handlung im »Bestraften Brudermord« folgt in wesentlichen Zügen und auch in manchen Einzelheiten dem »Hamlet«, bietet aber freilich erhebliche Abweichungen. Dazu gehören, dem schlichteren Publikumsgeschmack geschuldet, nicht nur der Wegfall so gut wie aller Monologe, ganzer Szenen (wie derjenigen auf dem Friedhof, zu Beginn des 5. Aktes bei Shakespeare) und Figuren (Fortinbras), sondern auch Einfügungen, von denen einige möglicherweise aus dem Standardrepertoire der Wanderbühne eingebaut wurden: Hamlet erzählt Ophelia eine bei Shakespeare fehlende Anekdote von einer aus Versatzstücken bestehenden Frau. Ophelia wird später in einer geradezu absurden Verliebtheit in die Figur des Phantasmo gezeigt, der nach dem schlichten Modell des Narren gebaut ist und dem Osric im »Hamlet« entspricht. Die geplante Ermordung Hamlets durch zwei Banditen, hinter denen Rosencrantz und Guildenstern erkennbar sind und die im »Hamlet« ja nur berichtet wird, ist in der Szene IV.1 in einer slapstickartigen Episode ausgeführt: Hamlet, zwischen beiden Banditen stehend, gibt nach einem Gebet den beiden das Signal zum Schuss und wirft sich zu Boden, woraufhin diese sich gegenseitig erschießen. Der Selbstmord der Ophelia wird im »Brudermord« gegenüber dem »Hamlet« eindeutiger und weniger poetisch angelegt.

»Der bestrafte Brudermord« ist gleichwohl von Relevanz, weil er eine Reihe von Parallelen mit der Quarto-Ausgabe von 1603 aufweist, - etwa die Namensparallele von »Corambis« für »Polonius« (in Quarto 2 und Folio), der hier als »Corambus« erscheint. Indes handelt es sich in der deutschen Fassung weder schlicht um eine Übersetzung der Quarto 1, noch auch lässt sich das Verhältnis zwischen dem »Brudermord« und einer angenommenen früheren »Hamlet«-Fassung, auch als »Ur-Hamlet« gehandelt, rekonstruieren, die eben nicht erhalten ist. Denn auch die Quarto 2 hat ihre Spuren im »Bestraften Brudermord« hinterlassen. Einzelne Wendungen spiegeln wörtlich Passagen aus der Quarto 2, Ophelias Anrede an die »Kütschchen« zum Beispiel, oder auch die Rechtfertigung des Königs, Hamlet wegen der Liebe seiner Mutter geschont zu haben. Die neuste englische Ausgabe des »Brudermord« listet 33 bzw. 17 Fälle von Übereinstimmungen zwischen dem »Brudermord« und der einen bzw. anderen Quarto-Ausgabe auf.

Wie sehr die auf den Wanderbühnen gespielten Fassungen, die selten verschriftlicht wurden und von der wechselnden Zusammensetzung der Truppe sowie von den unterschiedlichen Erwartungen des Publikums abhängig waren, die Komplexität von Shakespeares Dramen unterbieten mussten und wollten, zeigt sich in fast jeder Szene. Man geht davon aus, dass die frühesten Aufführungen der englischen Komödianten auf dem Kontinent in englischer Sprache stattgefunden haben, weshalb die Aufmerksamkeit besonders auf die Drastik der Handlungen gelegt werden musste. Ein Teil der Reduktionen geht auf das Konto der Kürzungen, - das Original würde mehrere Stunden beanspruchen, während hier vor allem das Handlungsgerüst stehen geblieben ist. Auf diese Weise kann die Vielschichtigkeit des Protagonisten nur noch in Spurenelementen sichtbar werden. Eher klamaukartige Momente des Volkstheaters (der Geist, der eine Ohrfeige gibt; die Szene mit dem Bauern Jens) erreichen an keiner Stelle etwa ansatzweise die Subtilität der Totengräberszene im »Hamlet«.

Gleichwohl ist »Der bestrafte Brudermord« in vieler Hinsicht ein bedeutendes Zeugnis der Theatergeschichte, und dies nicht nur im Hinblick auf die sonst kaum überlieferte früheste Shakespeare-Rezeption in Deutschland. Eine intensivere Rezeption des »Hamlet« auf der Bühne setzt erst im letzten Drittel des 18. Jahrhunderts ein, mit der Übersetzung durch Wieland und Eschenburg sowie Schröders Aufführung, gerade zu dem Zeitpunkt, an dem der »Bestrafte Brudermord« 1781 der Öffentlichkeit zugänglich gemacht wurde.

Davon abgesehen verdient diese Variation von Shakespeares raffiniertestem Drama deshalb große Aufmerksamkeit, weil sie für die Textgeschichte des »Hamlet« Aufschlüsse bietet. Sie war auf keinen Fall, wie es oberflächlich scheinen könnte, als Parodie gemeint.

Diese entstehungsgeschichtlichen Zusammenhänge lassen sich also nicht eindeutig klären. Möglicherweise liegt dem »Bestraften Brudermord« eine nicht erhaltene Misch- oder Bühnenfassung des »Hamlet« zugrunde, in die Spuren aus beiden Quarto-Ausgaben eingegangen waren. Sowenig der unbeholfene Prolog mit seinen teils binnengereimten Alexandrinern und dem Rüstzeug der antiken Mythologie für dieses Stück passt, so ist doch andererseits aufschlussreich, dass Shakespeares Handlung durch Einzelheiten der »degenerierten« deutschen Fassung (Harold Jenkins) der Wanderbühne leichter interpretiert werden kann. Auch dafür nur wenige Beispiele: In der Mitte des Stückes lässt Hamlet den Mord an seinem Vater durch seinen jetzt amtierenden Bruder als Theaterstück spielen. Während bei Shakespeare der von dieser Aufdeckung empörte König der (zuerst pantomimisch gezeigten) Mordszene noch folgt und erst während des Schauspiels selbst aufbricht, findet im »Brudermord« der Abbruch des Theaterspiels schon nach Hamlets Erläuterung der Pantomime statt (II,8). Danach kommt es zur Aussprache zwischen der Königin (in der Folio-Fassung Gertrude, im »Brudermord« Sigrie, ohne dass dieser Name im Text eine Rolle spielen würde) und ihrem Sohn. Aus dem »Brudermord« wird deutlich, dass die Porträts von Hamlets Vater und seinem Bruder als Ganzkörperbilder in einer Galerie hängen, während im »Hamlet« oftmals von einer Medaillon-Größe ausgegangen wird. Auch die Angst der Königin vor Hamlets Vorwürfen wird im »Brudermord« deutlicher motiviert als bei Shakespeare, denn Hamlet sagt hier: »sind auch alle Thüren vest verschlossen?« Dadurch lässt sich der Hilferuf der Mutter leichter verstehen, auf den der versteckte Polonius/Corambus reagiert (III,5), um daraufhin von Hamlet durch die Tapete erdolcht zu werden. Wenn Hamlet Ophelia in ein Kloster schicken will (II,4), steht in Shakespeares Text die Vermutung im Hintergrund, das Wort »nunnery« habe um 1600 auch für ein Bordell stehen können – und dieser Umstand wird durch die derbe Variante in der Szene II.4 im »Brudermord« bestätigt, wo von dem Kloster die Rede ist, bei dem »zwey Paar Pantoffeln vor dem Bette stehen«.

Bemerkenswert ist schließlich, dass man sich mehr in England als in Deutschland des deutschen Wanderbühnen-Dramas angenommen hat, es liegen immerhin fünf Rückübersetzungen aus knapp 200 Jahren vom »Bestraften Brudermord« ins Englische vor. Und keine der kritischen »Hamlet«-Ausgaben versäumt, sich genauer mit diesem Dokument zu befassen. Besonders hervorzuheben ist die Neuedition und kommentierte Übersetzung durch Lukas Erne und Kareen Seidler, die in der renommierten Reihe »The Arden Shakespeare« vorliegt.

Die nun vorgelegte Edition des deutschen Textes kann sich nicht auf die Tiefen der »Hamlet«-Philologie in allen Einzelheiten einlassen. Dafür sei auf die Ausgabe von Erne und Seidler verwiesen, die indes nicht den deutschen Text bietet. Die Vorlage für die hiesige Edition, die Reinhard 1781 in »Olla Potrida« druckte, wurde mit dem von Reinhard schon 1778 publizierten Bericht »Erster deutscher Hamlet; im Auszug« in seinem »Theaterkalender auf das Jahr 1779« verglichen; in den Erläuterungen werden sinnvoll erscheinende Varianten zum Druck von 1781 vorgestellt.

Hier soll die Möglichkeit geboten werden, sich mit diesem ebenso schlichten wie doch höchst ergiebigen Stück im Original zu befassen, sei es als Zeugnis seiner eigenen Zeit, sei es als wichtiges Dokument in der Überlieferung des vielleicht aufregendsten Dramas der Weltliteratur.

Mathias Mayer

Literaturhinweise

Anonym: Tragoedia. Der bestrafte Brudermord oder: Prinz Hamlet aus Dännemark, in: Olla Potrida. 1781. 4. Jahrgang, Zweites Stück, Berlin, S. 18–68. Herausgeber ist Heinrich August Ottokar Reichard. Textgrundlage.

Baesecke, Anna: Das Schauspiel der Englischen Komödianten in Deutschland. Halle an der Saale 1935, Nachdruck Tübingen 1974.

Brennecke, Ernest: Shakespeare in Germany 1590–1700: With Translations of Five Early Plays, Chicago 1964.

Cohn, Albert (Hg.) Shakespeare in Germany in the Sixteenth and Seventeenth Centuries. An Account of English Actors in Germany and the Netherlands and of the Plays Performed by them During the Same Period, London, Berlin 1865.

Creizenach, Wilhelm (Hg.): Die Schauspiele der englischen Komödianten. Deutsche National-Litteratur, hg. von Joseph Kürschner, Bd. 23, Berlin und Stuttgart 1889, S. 125–186 (Text). Nachdruck Darmstadt 1967.

Döring, Tobias: »Hamlet« im Horizont der Rachetragödie, in: Hamlet Handbuch. Stoffe, Aneignungen, Deutungen, hg. von Peter W. Marx, Stuttgart, Weimar 2014, S. 77–86.

Erne, Lukas / Seidler, Kareen (Hg.): Hamlet and Romeo and Juliet. »Der Bestrafte Brudermord« and »Romeo und Julieta« in Translation. The Arden Shakespeare (Early Modern German Shakespeare, Vol. 1), London 2022.

Flemming, Willi: Das Schauspiel der Wanderbühne. Deutsche Literatur, Reihe Barock, Barockdrama: Band 3, Leipzig 1931.

Freudenstein, Reinhold: »Der bestrafte Brudermord«. Shakespeares »Hamlet« auf der Wanderbühne des 17. Jahrhunderts, Hamburg 1958.

Haekel, Ralf: Die Englischen Komödianten in Deutschland. Eine Einführung in die Ursprünge des deutschen Berufsschauspiels, Heidelberg 2004.

Jenkins, Harold: Der Bestrafte Brudermord, in: the Arden Shakespeare. Second Series: Hamlet, ed. by H.J., London, New York 1982, S. 112–122.

Reichard, Heinrich August Ottokar (Hg.): Erster deutscher Hamlet; im Auszug, in: Theaterkalender auf das Jahr 1779 (1778), S. 47–60.